齐鲁文化与治国安邦 | 张文珍 王凤青 主编

齐鲁文化中的
富国强兵

张 朋 卢 璐 著

人民出版社

目　录

绪　论

　　齐鲁文化作为中华优秀传统文化中极具分量的一支，随着西周初年齐鲁两国的建立而发端肇兴，在八百多年浩浩汤汤的历史长河中一路奔涌向前，形成蔚为大观的文化气象，不仅创造了历史的辉煌，更是泽被后世深远，是中华文化中的瑰宝。齐鲁先民在社会劳动实践中创造的齐鲁文化有其独特的地域特色和精神内涵，例如它对开放包容的推崇、对守正创新的激赏、对选贤任能的追求等，都是齐鲁文化独树一帜的精神基因。而齐鲁文化对"通货积财，富国强兵"（《史记·管晏列传》）的推崇强调，更是其突出特质之一。

富国强兵，即是追求国家人财物的丰沛和军事力量的强盛，对内实现物富民丰，对外在与列国的较量和竞争中掌握主动。诚如《管子·小问》中所说"富上而足下，此圣王之至事也"，实现国家的富足是圣王最重要的事情，而国家的富足又是兵事顺利的前提，《管子·治国》中说"国富者兵强，兵强者战胜"，只有如此才能实现国家的长治久安。西周时期，齐鲁两国已在富强之道上努力探索，求富求强的文化精神开始生长，至春秋战国时期，这一文化精神已然生发出磅礴的历史伟力，让齐鲁大地富庶强盛，并将这一历史基因深深植入山东儿女的血脉之中。

齐鲁文化对富国强兵思想的强调有着深刻的社会历史背景。它既是齐鲁大地历史发展的必然产物，又反过来促进着齐鲁大地的社会发展。正如马克思在《〈政治经济学批判〉序言》中指出的"物质生活的生产方式制约着整个社会生活、政治生活和精神生活的过程。不是人们的意识决定人们的存在，相反，是人们的社会存在决定人们的意识。"[①] 一定的思想文化总是一定社会环境的产物。齐鲁文化中对富国强兵的推崇正是齐鲁地理环境、经济发展状况和人文风貌相互作用下的产物。

先秦时期的齐鲁之地，大概与今天山东省的地理范畴相差无几。它处于中国东部沿海地带，中部有凸起的泰山山脉，东部濒临渤海和黄海，古称海岱。地域之内，山地、丘陵、平

---

① 《马克思恩格斯选集》第 2 卷，人民出版社 2012 年版，第 2 页。

原、台地相互交错，构成了齐鲁大地多样的地理面貌。其中山地主要分布在齐鲁大地中部和西南部，丘陵主要分布在东部和西南部，平原主要分布在西北部和西南部地区，台地主要分布在东部地区。

齐鲁之地，河流密布，北部有奔腾的黄河川流不息，向南依次有小清河、潍河、大汶河等水系穿流而过，成为哺育人民的生命源泉。齐鲁之地气候属于比较典型的暖温带季风气候类型，四季分明，春暖秋凉、冬寒夏酷，其中春秋季较短，冬夏季较长，降雨主要集中在夏秋时节，冬春之际时有干旱。齐鲁之地的土地资源也较为多样，土壤有褐土、潮土、棕壤、砂姜黑土、盐碱土、水稻土等类型。其中潮土主要分布在齐鲁境内西北部的黄泛区，土层深厚，生产性能较好。砂姜黑土主要分布在山东半岛平原地区，这类土壤富含有机质，适合种植各种农作物。盐碱土主要分布在齐鲁境内的北部平原低洼地带尤其是滨海地带，需要经过特殊治理才适宜耕种。

先秦时期，齐鲁两国大致以绵亘东西的泰沂山地为地理分界线。齐国位于黄河下游，黄河和济水流经它的西境，由于水量较大，不仅便于灌溉，还在某种程度上成为一道天然屏障，将齐国与邻近的赵国、魏国等邦国隔开。齐国的东面滨海，有大面积的滩涂、蜿蜒的海岸线和星罗棋布的岛屿，有着丰富的鱼盐资源。齐国的南面是泰山、鲁山、沂山等山脉，山脉向北则是丘陵地带，这些丘陵地带既能够进行农业耕作，也便于进行畜牧养殖。在齐国的山地和丘陵下面，还有着比较丰富的矿产资源。《管子·地数》篇记载齐地"出铜之山，四百六十七山；出铁之山，三千六百九山"，记录了当年齐地矿业的发达。新中国成立以来，在对齐国故地的考古发掘中，发现了多处当年的冶铁遗迹，也说明了当年齐国矿业的发达。

鲁国则处于泰山南部的千里沃野之中。它的北部是泰山、鲁山等山脉，东部是蒙山及广阔的丘陵山地，西部则是大片的平原，平原上星罗棋布着东平湖、微山湖等湖泊和大大小小的沼泽。鲁国境内还有汶水、泗水、沂水等诸多河流，这些河流多发源于泰山、沂山之间，向南注入淮河。相比于齐国，鲁国土地肥沃，便于灌溉，更适宜耕种农作物，农耕的自然条件要优越许多。

总的来说，齐鲁之地在黄河的下游，在泱泱中华的东部沿海，依山傍海，构成两个既相互独立又联系密切的地理单元，并在此后汇聚成齐鲁文化共同的孕育母体。而这一地理环境，正是齐鲁文化富国强兵的物质基础与前提条件。

西周初年，齐鲁两国分封建立之时，齐鲁之地已然经过了许久的文明变迁，已然形成了深远发达的文化渊源，学术界将之称为海岱文化或者东夷文化，这些文化对此后齐鲁文化的形成，尤其对富国强兵思想的形成，无疑都有着奠基与肇始的意义。

齐鲁境内，大约在几十万年前已经有了猿人活动，因1981年考古工作者在山东沂源县发现他们的遗骨遗迹，而名之曰沂源猿人。在那远古的时代，沂源猿人居住在天然形成的石灰岩洞里，依山傍水、躲避灾害，已经能够制造和使用各种粗笨的石器，以此来狩猎、捕鱼、采集食物，维持族群的繁衍。齐鲁大地的文明曙光升腾而起。

历史的足迹缓缓向前，在随后数万年的漫长岁月里，在今天山东蓬莱、蒙阴、莒南、郯城等地又陆续出现了先民们聚族而居的活动足迹，他们制作的石器越来越多样、细致，由于捕猎能力的提升，他们时有剩余的猎物，于是原始的畜牧业开始出现。之后，齐鲁先民们在距今一万年左右进入了新石器时代，并形成了较为明确的后李—北辛—大汶口—龙山的文化序列。

后李文化距今 8500 年至 7500 年之间，已发现的文化遗址主要位于济南附近以及鲁北地区，相当于泰沂山脉北侧的平原地带。后李文化时期，母系氏族制度已经发展得比较成熟，人们不再居住在窝棚里，而是学会了建造房屋。虽然这些房屋还比较矮小，但是墙体坚固，地面平整，并且房屋内已经出现了明确的功能分区，例如有睡觉休息的区域，有生火烧饭的区域，有存放东西的区域。人们普遍制作和使用陶器。原始的农业有了一定的发展，主要种植的农作物粟已经能够大致满足定居生活的需要。

北辛文化距今 7300 年至 6100 年之间，目前发现的遗址主要分布在胶东、鲁中南和鲁北地区。与后李文化相比，北辛时期的陶器更加坚硬，出现了三足状的鼎。这一时期的农业进一步发展，更多的荒地被开垦，作为农业生产工具的石铲、石斧等被大量应用，这无疑提高了刨土翻地、清除杂草等的生产效率。这一时期饲养的家畜家禽主要有猪、牛、羊、狗、鸡等。北辛文化依然处于母系氏族社会公有制时期。对于胶东地区来说，农业水平没有鲁中南地区高，但是渔猎则较为发达，先民们不仅能够捕捞各种水层水性的鱼类，还会使用形状各异的网具进行捕捞。海洋里的一些贝类软体动物也成为胶东先民们的日常食物。

继北辛文化之后，齐鲁大地进入了更为繁盛的大汶口文化时期，时间大约在距今6100年至4600年之间，分布地域覆盖了整个山东省。大汶口文化中晚期，大致相当于古史中的太昊、少昊时期，而太昊、少昊与其说是传说中的两个人，不如说是上古时代生活在山东地区的两大族群，他们因崇拜太阳而以昊为名，太昊与少昊正是他们部落集团的符号或者名称。从考古发现的珍贵历史文化遗存可知，在大汶口文化中晚期，也就是太昊、少昊时代，先人们活动的遗址和地点已经由点及面，具有相当紧密的联系，显示出"这时许许多多不同规模的居民集团已不再是自在的社会单元，而是联结为较大地域的分层社会体系了。在这样的形势下，大集群的形成在所必然。"[①] 而这一历史必然形成的大集群，正是后人所熟知的"东夷族"。

---

① 安作璋、王志民主编：《齐鲁文化通史》(远古至西周卷)，中华书局2004年版，第121页。

联系日渐紧密的东夷先民们，在山东这方水土上生产劳动，将农耕文化推向新的境地。首先，他们过上了相当稳定的定居生活，所居住的房屋已经与后世的房屋基本相似。其次，经济基础进一步充实，先民们以农业为主，以畜牧、采集、渔猎为辅。随着石器工具的使用，生产效率有所提高，正常年份下收获的粟、黍等粮食不仅可以满足族群所需，还能有所盈余。猪等家畜的饲养进一步发展，不仅可以为族群提供肉食，还用来祭祀祖先，并逐渐成为私有财产和财富的象征。最后，这一时期，陶器、玉器等制作工艺有了进步，纺织技术也在逐渐发展，人们已能织布穿衣。母系社会开始向父系社会过渡。

大汶口文化之后，齐鲁大地进入了龙山文化时期，时间在距今 4600 年至 4000 年之间，相当于古史中的"五帝"时代，末年已经进入了夏朝。这一时期，东夷族的蚩尤部、颛顼部、祝融部、帝舜部、皋陶部等各大部落之间不断进行部落征战与部落融合，东夷族与西方的夏族之间也进行战争与联盟，在夷夏争战中，夏族取得了胜利，建立了夏朝。

继夏王朝之后的商朝，与东夷族有着更深刻的关系。商部族源出于东夷，他们与东夷各族一样有着浓重的鸟图腾崇拜。不过，对于商部族具体的兴起位置，学术界争论较多，本书倾向于认同王志民、张富祥教授的主张：商部族起源于东夷太昊集团的帝喾部，其最早的地望当在今山东东南部。经过数代人的努力积累和开疆拓土，商部族逐渐强大，并向西迁移，同时带动不少东夷族人反抗夏王朝的统治。实际上，东夷族人正是商汤在伐灭夏王朝过程中的一支尤为重要的同盟军，对商朝的建立起到了不小的支持作用。而我们经常提及的薄姑和商奄正是商王朝建立后在东方统治的两个重要方国。奄国地处今山东西南部，不少学者认为其故址在今曲阜附近；薄姑国地处今山东北部，学者们认为其地大约在今博兴附近。在周朝建立初年，这两个方国曾与商朝后裔一起反抗周朝统治，周公率兵东征，平定了叛乱。而此后齐国与鲁国两个邦国的分封建立，又与叛乱平定后维持周王朝的统治需要有着密切关系。

不过，需要说明的是，东夷族人与商朝虽同出东方，但并非始终同心同向。商朝末年，商纣王的骄奢淫逸引发了东夷人的强烈不满，他们起兵反叛商王朝的统治，与商王朝进行了不少战争。正是在与东夷族的频繁征战中，商朝的实力遭到了削弱，这在很大程度上促进了商王朝的最终灭亡。正如《左传·昭公十一年》记载"纣克东夷，而陨其身。"同时这也表明，东夷族人从来不甘心被压制，他们有着反抗的强大历史基因，尊崇武功，是一支强硬而尚武的力量。

周朝建立后，周武王大规模地封建亲戚，以藩屏周。据《史记·周本纪》记载"师尚父为首封，封尚父于营丘，曰齐。封弟周公旦于曲阜，曰鲁。"齐、鲁地处东方，正是东夷族人聚居之所。不过，此时的师尚父即姜太公与周公，因为都是辅佐周武王的重臣而难以离开，他们并没有真正到封地就职。

为了快速建立起稳定的统治秩序，周王朝采取了抚慰殷商遗民的策略，即《史记·殷本纪》中所记载的"封纣子武庚禄父，以续殷祀"，让纣王的儿子继续统治商朝王畿地区。同时，为了监视殷统治者的活动，周王朝又分封武王的三个弟弟于殷地附近的管、蔡、霍之地。

王朝建立不久，周武王就一病不起并很快亡故，他年幼的儿子成王继位。新王朝建立之初，各方秩序尚未稳固，新王又以幼龄嗣立，周政权面临着巨大的威胁。武王的弟弟周公为了防止诸侯趁机叛乱，稳定局势，代替成王摄政，正如《史记·鲁周公世家》所言"成王少在襁褓之中，周公恐天下闻武王崩而畔周，周公乃践祚，代成王摄行政当国。"然而，这一举动却引来了管叔、蔡叔等武王众兄弟们的疑议，他们到处散布流言，说周公觊觎王位，将要不利于成王，并联合了商纣王之子武庚起兵叛乱。此时，东方的东夷族方国如商奄、薄姑、徐、淮等，也参与到这场反周的动乱中来，成为反周的重要力量。危急情势下，周公奉命东征。

周公东征的队伍一路开进，他们面临的对手是三股力量：以武庚为首的殷商旧族，以管叔和蔡叔为首的王室内部势力，和以薄姑、商奄等为首的东夷族势力。为了扫清这些势力，东征的队伍一直开进到了遥远的东方，到达了今天山东境内的大部分地区。《诗经·豳风·东山》描写了东征战士的怀乡之情，其中提到的东山，正是当年东征所到之地，据考证此乃今山东费县西北的蒙山。经过艰苦的征伐，历时三年，周公终于取得了平叛的胜利，周王朝的统治危机被成功化解。

东征之后，东夷族人的反抗虽然被剿灭了，但是动荡的因素依然存在。因此姜太公承担着镇抚齐地人的重任到齐国就封，周公的儿子伯禽也代替周公在鲁国就位。齐、鲁两国由此拉开了历史的序幕，富国强兵的历史进程也由此开启。

一、齐之富国：农商并举，多元开放

齐国在分封之初，不论从自然地理环境上讲，还是从既有政治经济基础上讲，都不能算是有利。薄弱的基础给齐国统治者带来挑战，也为他们施展智慧与才能预留了历史舞台。在筚路蓝缕的创业过程中，齐国统治者展现出极有韬略的治国智慧：他们因俗简礼，争取百姓的支持；因地制宜，既发展适合齐国土地条件的农业生产，又充分利用齐国的资源禀赋发展工商业；不讲亲疏、开放包容、选贤任能，抓住时机推进制度变革，最大程度保护生产者的积极性。这些措施，使得齐国拥有了多元的经济业态，开放的社会环境，创新的思想意识，使得齐国的经济长期保持着高度的活跃性，财富和百姓如流水般归之不尽。齐国，是名副其实的东方富国。

（一）齐国建立与初步发展

作为周王朝的一个封国，齐国的发展离不开周王朝所营造的社会历史大环境。从社会性质来讲，夏朝和商朝还属于奴隶制社会，而"商周之际的大变革，是封建制取代奴隶制的一场历史性大革命。"[①] 不少学者指出，周王朝所建立的是一种崭新的封建领主制社会，它的基本政治形态是分封制，形成了自周天子到诸侯到卿大夫到士再到庶人等一系列上下有别的严格等级关系。它的经济形态是日趋成熟的井田制，即把土地分割成一个个的方块，形似井字，中间为公田，四周为私田。井田由周天子分封给诸侯，诸侯再分封给卿大夫，逐级授田，这些田产的拥有者即封建领主。

伴随着经济基础变化的是上层建筑意识形态领域的变化，这便是"德"和"敬德保民"思想的产生。商代统治者崇尚的是自己的祖先，认为其始祖是在神的授意下诞生的，因此他们信奉本部族的守护神。周人灭掉了商王朝，需要在意识形态领域为这次巨大的历史变革作出合理的解释，他们找到的正是"天命"，他们以上天的意愿来解释这场周代商的合理性。所谓天命，只有到百姓的心声中去寻求。周天子正是天命在人间的

---

① 王阁森、唐致卿主编：《齐国史》，山东人民出版社 1992 年版，第139 页。

代理人，他能够顺应民心，护佑民生，惩恶扬善，崇尚道德，因此成为天选之子。由此，敬天敬德保民这些崭新的思想内容诞生了。杨向奎指出："'德'字在西周是一个新字，它所代表的也是一种新的思想意识，这是新基础的反映。'德'是用以'和民'的，这民也是一种'新民'……'和民'的主要条件是要他们能够增加生产，能够改善生活，这样做就能'和民'了，也就是'以德和民'了"。①

意识形态及基本政治经济制度由天下共主的周天子确立，作为封国的齐国自然无法越出这些制度和思想环境。但是，齐国毕竟面临着自己的具体条件和情况，立国之初，齐国面临的环境比较恶劣，形势也很复杂，这表现在几个方面：第一，地盘很小，力量薄弱。据《史记·十二诸侯年表·序》记载，"齐晋秦楚，其在成周，微甚，或封百里，或五十里。"这就表明，齐国在分封之处，只有五十里或百里大小，在成周的寥廓版图上，实在是微弱至极。第二，生产条件较差。《汉书·地理志》记载："齐地负海泻卤，少五谷，而人民寡。"也就是说，齐地临近海洋，土壤条件很糟糕，多是盐碱地，不利于五谷的生长，定居的人口也比较少。以至于姜太公刚到齐地之时，不得不先开荒辟地才逐渐安顿下来。第三，政治形势严峻，反抗时起。齐、鲁两国立国之时，在它们周围还分布着大大小小许多

---

① 杨向奎：《关于西周的社会性质问题》，载《绎史斋学术文集》，上海人民出版社 1983 年版，第 43 页。

古夷人后裔建立的方国。《史记》中记载，姜太公前脚刚到齐国的营丘，后脚就有莱侯率领队伍来攻打，想把营丘从太公手里争夺过去。除莱侯之外，齐国四周还有不少敌对势力，也对齐国虎视眈眈。

正是在这样不利的地理、经济、政治环境下，姜太公以卓越的谋略，为齐国发展定立了战略方向，也为此后齐国的富国强兵奠定了良好基础。姜太公的立国方略体现在以下几个方面：

第一，进行坚决的军事斗争，开疆拓土并营造安全的发展环境。前文所述，与姜太公争夺营丘的莱人，并不是轻易就能被打退的，他们拥有较强的武装力量。据史料记载，莱夷处于营丘附近，他们反复与姜太公争夺营丘，先后曾进行了七次战争。而姜太公经过坚决而激烈的征伐，终于制服了莱夷，维护了国境的安全。《史记·齐太公世家》记载，"周成王少时，管蔡作乱，淮夷叛周，乃使召康公命太公曰：'东至海，西至河，南至穆陵，北至无棣，五侯九伯，汝实征之。'齐由此得征伐，为大国。"可知，分布在齐国周围的那些东夷族人对周人的统治怀有普遍的反抗心理，姜太公率领的齐国在周围敌对势力的包围中，定是经过了多次激烈的战争，一点点剿灭这些反对力量，不断开疆拓土，使邦国疆域逐渐扩大。在齐国国内，姜太公也面临着土著人长期的抵制与不合作。《韩非子·外储说右上》记载了这样一个故事：齐国东海上有兄弟二人，一个叫狂矞，一个叫华士，他们在姜太公就封齐国后立下誓言说，我们不向周天子称臣，不认周天子分封的诸侯做朋友，我们自己耕作可以获得食物，自己挖井可以获得水源，我们不用依靠任何人依然可以很好的生活下去。我们不要君上赐的名号，不要君主给的俸禄，不给齐国出力而自己劳动。他们的这番志向，实际上表达了对周人、齐国的坚决反对与抵制，也代表了当时部分土著人的心声。姜太公到达营丘后，便派人把这二人捉住杀掉，以威慑心怀抗拒的部分土著人，这也成为姜太公在齐国的首诛。

第二，姜太公在武力镇压反抗的同时，也对当地土著人采取了怀柔政策，"因其俗，简其礼"（《史记·齐太公世家》），改变了周朝许多君臣之礼，而充分尊重并沿用了当地百姓的风俗礼仪，以此顺应人心，缓和矛盾，争取支持。如前文所述，东夷族人世代生活在这片土地上，积累了丰富的物质和精神文明，尤其是胶东地区的东夷人，毗邻海洋，向海而生，传承着独特的人文风俗习惯。如果强行改变这些风俗，势必招致百姓的仇视，因此，姜太公以政治战略家的胸怀开放包容，因俗简礼，迅速获得了百姓认可。例如，东夷部落有崇拜太阳的传统，姜太公的后代继承者丁公吕伋、乙公得等都以日干为国君名号，充分尊重了这一习俗。再如，齐国统治者将东夷集团的著名首领蚩尤列为了"兵主"，成为与天主、地主、阳主、月主等比肩的"八神"之一，也充分尊重了东夷人的习俗传统。

第三，根据齐国客观的自然地理条件，采取重视农业同时发展工商业的国策。农业的发展首先建基于一定的土地制度之上，齐国在土地制度方面，同样实行的是井田制。领主把土地分割成方块，授给农民进行耕种，农民没有对土地的所有权但是拥有一定年限的使用权。农民需要对份地缴纳一定的赋税，无偿提供徭役。农民拥有自己的生产工具，有车有牛，一家一户都是独立的生产单位。从这个意义上讲，齐国在社会性质上属于封建领主制。

重视农业是周人一贯的传统，姜太公也深深认同这一点。在《绎史》卷二十二中曾引《说苑》里面关于治国之道的一段话，很明确地反映了姜太公在齐国的重农国策：周武王问于姜太公说，治国之道是怎样的？姜太公回答说，治国之道就是爱民之道。周武王接着问，什么才算是爱民？姜太公回答说，"利之而勿害，成之勿败，生之勿杀，与之勿夺，乐之勿苦，喜之勿怒，此治国之道，使民之谊也。"他还语重心长地说，让百姓失去他们赖以生存的生产，就是加害于他们；让百姓错过种庄稼的农时，就是败落他们；百姓犯了过错用重刑惩罚他们，就好比是杀害他们；让百姓缴纳沉重的赋税，就是夺取他们的财产；让百姓多出徭役，就是增加他们的辛苦；经常烦扰百姓，就会引起百姓的愤怒。所以善于治理国家的人，对待百姓一定是如同父母爱子女、哥哥爱弟弟般，听闻百姓的饥寒、看到百姓的劳苦，就感到深切的悲伤。从姜太公的这番话可以想见齐国统治者对待百姓的基本态度，那就是让农民有土地可以耕种，不用过多的徭役占取农民的劳动时间，不征收过多的赋税，宽松刑罚，减少行政号令对农业生产的干预。总而言之，是让百姓有田地可以耕种，同时鼓励百姓开辟荒地种植谷物，将荒野变为粮仓。

姜太公在重视农业的同时，对发展工商业高度重视。可以说，姜太公是中国历史上较早提出农商并重工商兴国的政治家。典籍当中对此的记载高度一致：《史记·货殖列传》中说"太公劝其女功，极技巧，通鱼盐，则人物归之，繦至而辐凑。故齐冠带衣履天下，海岱之间敛袂而往朝焉。"《汉书·地理志》中说"太公以齐地负海泻卤，少五谷，而人民寡，乃劝以女工之业，通鱼盐之利，而人物辐凑。"也就是说，姜太公充分认识到了齐国临近海洋土壤条件较差的客观现实，认识到了单纯发展农业将事倍功半的客观现实，因此他转换思路，另辟蹊径：临近海洋，水上交通便利；水资源丰富，利于发展渔业和盐业；盐碱之地，不适宜长庄稼却生产盐，而且适宜长桑麻。因此，姜太公因地制宜，提出"通鱼盐之利""劝女功之业"，发展手工业和商业，将劣势变为优势。这一务实的精神深深根植于齐国之中，此后数代，齐国持续发展工商业，规模不断扩大，特色逐步凸显，齐国的纺织、盐业广受欢迎，齐国经济呈现出开放繁荣的大好形势。这样一来，齐国不仅弥补了农业稍许逊色的不足，还因为工商业的发展吸引了四面八方的人口，而随着人口的增多，开垦土地的劳动人口和生产技术进一步富集，土壤治理出现成效，原本较弱的农业反而得到了较大发展。开放的环境、畅通的物流、密集的人口，使财富源源不断流向齐国，齐国由此开辟了一条通向富裕的康庄之路，国家富强安定，人民生活安康。而开放、包容、活跃、多元的价值观念也逐渐成为齐国的文化风尚。

第四，姜太公倡导"尊贤尚功"的用人方略，为齐国的发展聚集人才。齐国在行政架构上如同周王朝一样实行国野制。国是都城，居住着国君、卿大夫、各类贵族、士、工、商以及农民，他们统称为国人，有参与政治和军事的权利。国之外是野，生活的主要是土著部族以及殷遗民，他们一般不具有参政参军的权利。齐国也仿照周王朝的形制，设有司徒、司空、司寇等官职来管理封国内的土地、人口、军事、司法等各类事务。整个国家机器的有效运转需要大量有见识、有能力的人才。

《吕氏春秋》中记载了这样一段历史故事：姜太公与周公旦被分封后，两人关系非常友善，相互谈论治理各自邦国的打算。周公旦的策略是"亲亲上恩"，而姜太公的策略则是"尊贤尚功"。齐国立国之后，并没有像鲁国那样分得殷民六族，姜太公带领人马到齐国就封后，面临的是人才的极度短缺。因此，姜太公不得不选用殷商时期遗留下来的旧人才治国，不得不在土著部族中选择有才能的人士参与政事。姜太公熟悉历史，他太明白夏商两代的兴旺更替都与贤能人才的有无有着密切联系，他清楚周王朝在崛起的过程中正是广泛任用了一批贤能之士、重用人才方能替代商朝。他深知，齐国的社会秩序能否长久安定、政策制定和执行能否正确顺畅、人民对齐国的统治者是否支持认同，都与国家治理中有无贤能之士息息相关，因此在齐国立国之初百废待举的形势下，姜太公毫不犹豫地将尊贤尚功作为治国方略。在姜太公看来，是否算得上贤能之士，主要看一个人是否能为国立功。可以说，尊贤尚功，在周代世卿世禄的用人环境中，实在是一个巨大的突破和创新，不仅是对周王朝用人办法的突破，更是树立起量才授官、以功论赏的标准，破除了单纯以血缘关系、出身门第为标准的落后取才标准，极大激发了各阶层的人参与政事的信心与潜能。这一策略使得齐国在政治上具有了开放性和凝聚力。而人才所具有的强大势能，也必将在齐国此后的发展中发挥出巨大的能量。

第五，姜太公为齐国确立了法度，使齐国初步具有了依法治国的框架和思路。据历史学家考证，《吕刑》是姜太公时期齐国的第一部成文法典。姜太公为了避免奴隶社会乱施刑罚，百姓无据可遵的混乱现象，制定了条文明确的《吕刑》，规定了五刑、五罚、五过三大类刑罚，也规定了官吏在断案时需要仔细核验，避免出现误判。《吕刑》的规定虽然不失严苛，但它并非单纯以惩处百姓为目的，而是提出了"有德惟刑"的理念，即是说治国应当德治和刑罚并重，刑罚的目的是警诫百姓自觉遵守符合道德要求的行为规范，是为了保证整个社会都在有德的秩序下运转。

综上所述，姜太公从政治、军事、经济、思想文化等几个方面为齐国确定了大政方针。就政治而言，齐国在简化礼仪、用人政策等方面体现出相当的包容性，有利于国内各种矛盾的缓和和百姓向心力的增强；就军事而言，姜太公坚决地征伐敌对势力，使齐国的疆域在稳定中逐步扩大；就经济而言，姜太公重视农业的同时着力发展工商业，发展同其他邦国的贸易，改变了齐国落后的面貌；就思想文化而言，姜太公在推行法制的同时倡导德性，树立了符合封建领主统治的思想意识。在这一治国方略下，齐国的经济社会迅速发展起来，奠定了富国强兵的基础。

（二）管仲改革与春秋首霸

在西周二百多年的时间里，齐国采取正确的治国方略，充分利用天时地利的各种条件，从一个弹丸小国发展成为人口众多、资源丰富、商贸繁荣、物产丰厚的东方大国。此时，齐国的疆域大为开拓，按照童书业先生的考据，已经据有了今山东省北半部分，"大致东到大海，南到穆陵关与泰山，西到古黄河及今运河之西，北到冀、鲁交界一带，东西长而南北狭，广运约三五百里之间"，[①] 可谓傲视东方，冠带天下，成为各诸侯国中名列前茅的大国和强国。

公元前 770 年，周平王东迁洛邑，标志着西周结束，东周开始。东周的建立不仅没有消除周王室面临的深层次问题，反而在政权动乱、外敌入侵方面越发严重。周天子在阴谋、内斗、杀戮中不断更替人选，周王室不得不依靠各诸侯国勤王、

---

① 童书业：《春秋史》，商务印书馆 2010 年版，第 121 页。

齐桓公与管仲雕像

出兵、相助。在一次次的求救与分土赏赐之后，周王室实际控制的土地只剩下方圆一二百里，财源大大缩减，对诸侯国的影响力也随之衰减，周天子逐渐丧失了号令诸侯的威信力，而各诸侯国却在这时发展壮大起来。齐国就是其中突出的一个。

进入春秋时期，周王室内乱不止，齐国的政坛却相对稳定，尤其到了齐庄公时期，他在位 64 年，他的后继者齐僖公在位 33 年，两代国君统治齐国近百年的时间，为齐国营造了安定的发展环境，齐国的经济和综合国力蒸蒸日上。齐庄公和齐僖公一度出现了小霸中原的盛景，例如齐国与郑国结盟，共同讨伐不服从周天子号令的诸侯；例如齐国成功抗击北戎的入侵，并在犒赏各诸侯国的时候将一度强大的郑国排放在了鲁国之后；再如齐侯欲将女儿婚配于郑国太子，郑太子以"齐大，非吾耦也"（《左传·桓公六年》）而拒绝了这桩婚事，也从一个层面证明了齐国国力已经远远超越了郑国，郑国没有力量与齐国抗衡。这些都说明，齐国已经在郑国、鲁国、卫国等各诸侯国中具有了一定的影响力。《国语·郑语》中记载的"齐庄、僖于是乎小伯"正是对这一历史现象的记录。

齐僖公之后是齐襄公，再之后便是齐桓公当政。齐桓公不计前嫌，任用管仲为相，推行改革、励精图治，使齐国迎来了真正的巅峰时期。

管仲名夷吾，出身于贵族之家，但后来家道中落，曾经操持过养马等许多低贱的营生。管仲与鲍叔牙相交深厚，当鲍叔牙辅佐齐桓公即位后，齐桓公欲任用鲍叔牙为相，鲍叔牙却坚定地举荐了管仲，他对齐桓公说，国君如果只想把齐国治理得安定有序，那么用我和其他上卿就足够了，但是国君要想成就霸业，非启用管仲不可。鲍叔牙列举了管仲在五个方面都远远超越了自己：在宽和惠民上，管仲超过了自己；在治理国家守住纲纪上，管仲超过了自己；在结交诸侯保持忠信上，管仲超过了自己；在制定礼仪法度以使四方遵守上，管仲超过了自己；在管理军务、严明法纪、激励百姓勇于战斗上，管仲超过了自己。鲍叔牙还语重心长地劝齐桓公说，凡是能够重用管仲的国家，一定会变成强国重国，国君万万不可埋没管仲。雄才大略的齐桓公终于不再计较管仲射他的一箭之仇，采纳了鲍叔牙的建议，破格提拔管仲，任命为上卿，尊之为仲父，全力支

位于山东临淄的管仲纪念馆外景

持管仲治理齐国。

　　齐桓公问及管仲富国强兵的治国之策，管仲给出了"定四民之居，使各安其业；制国鄙之制，叁其国而伍其鄙；军政合一，寄军令于内政；尽地力，官山海，正盐策；尊王室，亲邻国，攘夷狄"（《国语·齐语》）的建国方针。管仲向齐桓公举荐了五位贤能之士，分别主掌大行、大司马、大司田、大司理、大谏，以管理国家的外交、军事、农业、司法、谏议等事项。齐桓公全部采纳了管仲的建议。在齐桓公及齐国重臣的大力支持下，管仲在齐国推行了包含政治、经济、军事、外交等方面的一系列改革，为齐国的崛起开辟了道路。军事政策的改革下文有专门论述，这里主要阐释政治、经济和外交方面的改革内容：

　　第一，政治上以富国强兵成就霸业为目标。为了实现这一目标，管仲采取了以下措施：首先，托古改制，建立新的行政管理制度，这便是"叁其国而伍其鄙"。从根本上说，这是管仲寄军令于内政的一套体系，是把军事动员和行政管理相结合的一套体系。这里只就它的行政管理方面内涵进行解说。意思是，把国都和所属的地区分成三部分共计二十一个乡，其中工匠是一部分，约有三个乡；商人是一部分，约占三个乡；士人和农民是一部分，约占十五个乡。这二十一乡里，国君亲自统率十一个，高氏和国氏各统率五个。设立三官官吏：市场设立三乡之官，工乡设立三族之官；再设立三虞之官，负责管理川泽事务；设立三衡之官负责山林事务。不论工商乡还是农士乡，每个乡划分成十个连，每个连分成四个里，每个里分成十个轨，每一轨包含五户住家。这样所有的百姓都纳入一定的管理网格中，依次由轨长、里司、连长、乡良人管理。野鄙的行政制度是：五家化为一轨，由轨长管理；六轨化为一邑，由邑司管理；十邑划为一卒，由卒长管理；十卒划为一乡，由乡良人管理；三乡划为一属，由大夫管理。设立五个大夫，各管理一属。如此，管仲就在整个齐国建立起了从上到下的整套管理体制，并明确要求每年正月，五大夫要向齐桓公汇报属内治理成绩，向齐桓公举荐属内的贤能人才。齐桓公派出五正对五属的治理工作进行督查，定期考核。各级官吏都按照一定的权限管理当地事务，不得越权，最后的权力集中于国君一人。各级官吏由推荐产生，举贤任能，国君可以根据治绩进行任免。如果某级官吏徇私舞弊，埋没人才，就以"蔽贤"的罪名对其治罪。这种行政管理体制极大提高了君主的权力，也顺畅了政令层层传导的有效途径，并且开辟了下层人士参与政治管理的积极性，使整个行政管理体制充满生机活力。

其次，管仲提出了四民分业定居的办法，加强对百姓的管理。管仲按照人口的生活地域和职业情况，把百姓分成士人、农民、工匠、商人四大类，他说"士农工商四民者，国之石民也"（《管子·小匡》），即是说这四类人是国家的基础。管仲又指出，他们因为身份职业不同，"不可使杂处"（《管子·小匡》），杂处的话就会相互说闲话、意见不一，从而扰乱正常的生活生产秩序。因此，管仲使他们分业定居，让士人居住在清净安闲的地方，让农民居住在田野附近，让工匠在官府附近，让商人在市场附近。

管仲指出，让士聚集在一个地区，闲暇时，父辈相互谈论道义，子辈相互交流孝道，为君主做事的人相互谈论忠心敬君，年长的人相互谈论慈爱，年幼的孩子相互谈论敬爱兄长。如此一来，士中间就可以形成良好的风尚，士的子孙后代就能一直是士。让农民一起聚居在郊野附近，他们一起观察天时，权衡节约用度，修理和制作各种农具，农时到了就纷纷开始耕种。农民的子弟们从小生活在这样的环境中，自幼便习得了农事的基本常识，因此就一直能保持农民的朴素勤劳，世世代代为农民。让工匠们聚居在官府附近，他们会相互考察材料，交流工艺技巧，展示品评手工作品，他们的子弟很小就学会了这些手工制作的技艺，不需父辈花费太多精力，就可以培养出下一代的工匠。而工匠的子孙也会世代为工匠。让商人聚居在市场附近，他们会一起挑选货物，商讨价格，判断经济形势，交流信息，比较迅捷地掌握各种价格，会比较容易地汇聚天下难得的宝物。他们从早到晚都在琢磨生意买卖，他们的子孙也从小习得这一行当的经验和规则。如此，商人的子弟就永远都是商人。这样，各职业的百姓世代传承，不乱分寸，国家就可以保持财力的富庶和秩序的安定。

再次，管仲提出了整饬法度的主张。管仲认为百姓的需求各有不同，行为各有不同，如果没有统一的规范，任其行为，就会出现矛盾进而造成不同程度的混乱。因此，管仲提出"凡君国之重器，莫重于令。"他将法令作为治理国家的重要工具，"令重则君尊，君尊则国安；令轻则君卑，君卑则国危。故安国在乎尊君，尊君在乎行令，行令在乎严罚。"（《管子·法禁》）为此，管仲整理先王留下的旧法，选择其中有用的部分继续执行，其余则根据齐国的实际情况制定新的法度。管仲要求把这些法度都张贴在城门等处，使所有百姓看得见明得清，以此作为百姓行为举止的纲纪和规范。如果触犯了其中的禁令，就给以惩罚；如果出现擅自删减法令者，擅自增添法令者，不执行法令者，扣压法令者以及不服从法令者，都要处死；如果在某些方面做得好，就进行奖励，一切"唯令是视"（《管子·重令》）。管仲非常重视法令的权威性，强调只有令行禁止，才能真正让百姓敬重进而严格遵守。在管仲的治理下，齐国切实地实行了管仲的法制理念，出现了社会风气、社会生产等各方面的昌明有序。

最后，管仲提出并努力推行"爱民"的主张。齐桓公问管仲，治理政事顺应天下形势该从何处着手，管仲毫不犹豫地回答"始于爱民"（《管子·小匡》）。这是对西周以来形成的敬天保民思想的承袭，更是管仲在齐国新的弘扬和推进。相比于最早提出这一概念的周公，管仲在爱民思想上有了更为丰富和具体的内容。他说"政之所兴，在顺民心；政之所废，在逆民心"（《管子·牧民》），把人心和民意作为国家兴废衰亡的根本决定因素。管仲精辟分析了顺应百姓意愿的要旨："民恶忧劳，我佚乐之；民恶贫贱，我富贵之；民恶危坠，我存安之；民恶灭绝，我生育之。"（《管子·牧民》）意思是说，百姓厌恶忧劳，我就使他们生活安乐；百姓厌恶贫困卑贱，我就使他们富贵安康；百姓厌恶危难灾祸，我就使他们安居乐业；百姓厌恶家族灭绝，我就使他们子孙绵延不绝。只有百姓生活得到保障，他们才愿意听从君王的驱使，才愿意勤勉地劳作为国家作出贡献。

第二，经济上通过利民富民而实现富国强国。管仲的经济思想具有一定的唯物主义色彩，他将百姓物质生活的改善作为政治管理的基础和前提，努力通过物质利益的分享提高以达到国家安定繁荣的政治伦理目的。《管子》中开篇即强调"凡有地牧民者，务在四时，守在仓廪。国多财，则远者来；地辟举，则民留处"（《管子·牧民》），反映的正是对经济基础决定上层建筑的初步认识。为此，管仲在国家经济生产中努力增加财富，以民富推动国富。《管子·治国》讲到"凡治国之道，必先富民。民富则易治也，民贫则难治也。"为何会有这种逻辑？因为百姓只有在生活富裕的情况下才会安于乡里不愿离家，因为不愿离家才会敬畏长官害怕犯罪，因为害怕犯罪百姓才会容易管理。反之，如果百姓生活困苦，他们一定不会固守家乡，一定会冒险犯上做许多危险的事情，当百姓没有敬畏之心的时候，管理他们就相当困难了。因此，秩序井然的国家常常是富裕的，而动乱不止的国家一定是贫瘠的。"是以善为国者，必先富民，然后治之。"（《管子·牧民》）以富民实现富国的思想落实到具体政策层面，表现在农业和工商业两个方面：

农业方面，予以高度重视并推行相地衰征的农业政策。管仲深知土地是最为宝贵的资源，农业发展对一个国家具有最深远的战略意义，《管子·治国》就通过追古述今的方式反复强调农业、粮食的基础地位。文中说，先前的七十九代君主虽然推行的号令不一样，法制不一样，但是都实现了天下的统一，归根结底就是因为"国富而粟多"。而国家富有粮食充实都来源于农业生产的发展，因此历代贤君无不重视农业。在《管子·乘马》中，则强调"地者，政之本也。""可以正政者，地也。"

重视农业的同时，管仲也十分清楚农民疾苦和制约农业发展的一些紧迫问题。这就是"凡农者，月不足而岁有余者也，而上征暴急无时，则民倍贷以给上之征矣。耕耨者有时，而泽不必足，则民倍贷以取庸矣。秋籴以五，春粜以束，是又倍贷也。故以上之证而倍取于民者四,关市之租,府库之征粟十一,厮舆之事,此四时亦当一倍贷矣。夫以一民养四主,故逃徙者刑而上不能止者,粟少而民无积也。"(《管子·治国》)意思是说,从事农业生产的农民,按照月来衡量是收入不足的,按照年来衡量能够有些余裕,而上面的征税急迫无时,农民只好借高倍的贷款来缴纳赋税。耕种是有节令的,但是雨水却不一定应时,遇上旱灾农民只好借加倍的高利贷来雇人浇地。秋天从农民手中收粮是按照"五"的价格,春荒时节卖粮给农民却按照"十"的价格,这又是一种多倍的高利贷。因此,农民不得不承受起码四种款项。相当于一个农民要供养四个债主,所以这么沉重的负担,即便有严刑峻法惩处外逃的农民,也难以发挥实效,这都是因为农民缺少粮食而且没有积蓄。意识到这些问题的管仲,力图从宏观层面对生产关系进行调整,以减少对农民的损害,保护农民的利益和积极性。

当此之时,齐国实行的还是井田制,不过形式有些改变。封建领主将井田分成公田和私田,农民必须首先耕种完公田才能耕种私田里的份地,并且相当大一部分劳动成果要被封建领主拿走。如此,农民的耕种意愿尤其是在公田耕种的积极性受到极大压制,有些公田杂草比禾苗还要多。因此,管仲提出"相地衰征"的政策,以充分调动农民生产积极性。"相地"即对土地的贫瘠状态进行勘验和区分。"衰征"则是依据土地的不同等级进行份额高低不等的田税征收。也就是说,这一政策取消了公田和私田的区分,重新按照统一的标准进行土地贫富程度的划分，并由此决定田税份额的多寡。这是一种新的土地使用制度和田税征收制度，蕴含了按照优劣征税、合理负担这些相对公平和进步的因素。相地衰征的实施要分成两步：

第一步是"相地"。有时也称为"正地"或者"相壤"。《管子·乘马》对相地有个解释，"正地者，其实必正。长亦正，短亦正；小亦正，大亦正；长短大小尽正。"也就是说，核验土地，一定要掌握具体可以耕种的土地数量，长的要核验，短的要核验，小的要核验，大的也要核验，确保所有的土地面积都核验准确。不仅校准面积数量，还要掌握全部土地的质量状况。《管子·乘马》中说"郡县上臾之壤守之若干，间壤守之若干，下壤守之若干。故相壤定籍而民不移。"就是要把全国的土地依照好坏划分成上等、中等、下等不同的级别。

除去这些耕地，国家还有一些山林湖泽之地，管仲也对这类地产进行了比照可耕地的折算。《管子·乘马》记载，"地之不可食者，山之无木者，百而当一。渎泽，百而当一。地之无草木者，百而当一。樊棘杂处，民不得入焉，百而当一。薮，镰缠得入焉，九而当一。蔓山，其木可以为材，可以为轴，斤斧得入焉，九而当一。汎山，其木可以为棺，可以为车，斤斧得入焉，十而当一。流水，网罟得入焉，五而当一。林，其木可以为棺，可以为车，斤斧得入焉，五而当一。泽，网罟得入焉，五而当一。命之曰，地均以实数。"也就是说，对于不种植粮食而且不生长树木的山地，将一百亩折合成一亩可以耕种的土地。对于干涸的沼泽地，一百亩折合成一亩可耕地。不长草木的荒地，一百亩折合成一亩可耕地。对于棘刺丛生人们无法进入的蛮荒之地，一百亩折合成一亩可耕地。对于那些人们可以进入采伐的沼泽地，九亩折合成一亩可耕地。对于那些丘陵地，因为生长的树木可以加工成棺材或者车轴为人们利用，九亩折合成一亩。高山峻岭，生长的树木也可以为人们所用，十亩折合成一亩可耕地。河流水泊，人们可以捕鱼，五亩折合成一亩可耕地。森林，也可为人们利用，五亩折合成一亩。这种折算的方法，都是根据山林湖泊的实际利用价值进行的合理估算。

第二步便是田税的征收。管仲主张，要对农民合理征收田税，尽量地轻徭薄赋，给农民留足生活生产必需的物质资料。《管子·乘马》记载，"与之分货，则民知得正矣；审其分，则民尽力矣"，讲的正是合理分配农产品对保护农民生产积极性的重要意义。至于具体的征收税额，《管子·大匡》记载到："赋禄以粟，案田而税，二岁而税一。上年什取三，中年什取二，下年什取一，岁饥不税；岁饥弛而税。"就是说，田税的征收是按照粮食产量的多寡、土地的亩数确定的，并且是每两年征收一次。年成好的时候，按照十分之三征税；年成一般的时候，按照十分之二征税；年成差的时候，按照十分之一征税。遇到灾荒年份，就免征或者缓征田税。这样的征税办法，充分照顾了农民的经济利益，为发展齐国农业、振兴齐国经济打下了坚实的基础。

在工商业方面，齐国依山傍海，水陆交通发达，具有得天独厚的资源禀赋，而且经过几百年的发展，到春秋初期，齐国在纺织、冶炼、锻造、酿造、制陶等手工业方面已经比较发达。管仲继续发扬齐国重商的传统和优势，研究"轻重"之别，从宏观层面调控经济流通，实行了官山海的经济政策。

在管仲看来，财富不仅包括土地、山泽、粮食、蔬果，还包括耕织工具和手工业产品，以及刀布、珠玉等。这些财富如果在市场上流通，必然会产生价格差，这便是"轻重"不同，而国家的任务就是因势利导、宏观调控，在价格变化中获取最大利益。有研究者指出，管仲的这一经济思想是一种国家本位主义，因为他的出发点是国家的富强，落脚点是国家对财富的统筹。从这个意义上说，管仲所有的经济政策目标指向的都是国家财富的增长。不过，管仲虽然强调"利出一孔"，但并没有让国家直接把控全部财富的生产和分配，而是选择了粮食、矿山和食盐这三种最为紧要、最能关切国计民生的资源进行控制。

对于粮食的控制，前文在论述农业政策方面已有所涉及，就是国家储备大量的粮食，同时适当提高粮食价格，防止粮食卖到国外。这里主要论述管仲对齐国矿山和食盐的国家垄断，这就是史料中记载的"官山海"。

"官山"就是国家控制和垄断重要的矿山资源，主要是铁矿资源。春秋时期，铁制工具和兵器逐渐开始替代石器工具。按照马克思主义的观点，生产力的变化推动生产关系的变化，而生产工具的进步又是导致生产力发展的重要因素。铁制工

具的出现和应用，无疑是推动春秋时期生产力和生产关系变化的重要因素。管仲也较为敏感地意识

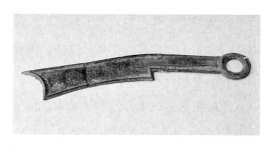

齐国六字刀币（齐文化博物院藏）

到了铁资源在国家发展中的战略位置，《管子·地数》篇中讲到"戈矛之所发，刀币之所起也。能者有余，拙者不足"，因此管仲对铁矿石采取了严格的国家管控措施，并制定了严刑峻法防范和阻止私人对矿山的开采。《管子·地数》中记载"有动封山者，罪死而不赦。有犯令者，左足入，左足断；右足入，右足断"，描述的正是为了禁止私自开采矿山而颁发的严苛法令。

同时，管仲也非常重视铁矿的勘探、开发和利用技术的提升。当此之时，齐国民众已经具备了丰富的矿山辨别和开采经验，"山上有赭者，其下有铁。上有铅者，其下有银。上有丹砂者，其下有鉒金。上有慈石者，其下有铜金。"（《管子·地数》）齐国的冶铁业也相当发达，据考古发现，在临淄古城附近，存有大量的冶铁遗址。

在对矿山资源具体的管控形式上，齐国采用了"官有民营"的方式。管仲认为，如果采用国家直接开发矿山的形式，无非就是利用行政命令去强行调配奴隶、罪犯或平民劳作，如果这样，奴隶和罪犯肯定会以各种形式大量逃亡，而平民会对君主

产生深深的憎恶和怨恨，怨声载道。一旦边境发生战争，就难以在百姓中迅速招募起士兵，这样，国家不仅没有得到冶铁的回报，反而在将自己陷入被动局面之中。因此管仲主张还是应该采用经济的方式来开发利用矿山，他采用的政策便是"官有民营"，即矿山的所有权归属国家，但是允许百姓在国家的监管下对矿山进行开发，根据生产总量与百姓三七分成。诚如《管子·轻重乙》中所言"与民量其重，计其赢，民得其十（十又当作七解），君得其三。有杂之以轻重，守之以高下。若此，则民疾作而为上虏矣。"这种官民相结合的生产经营方式，极大提高了齐国矿山的开发利用效益。

"官海"就是对海洋资源尤其是盐进行国家管控。盐是人民生活中的必需品，齐国是产盐大国，管仲利用盐发展贸易。管仲对齐桓公说，"阴王之国有三，而齐与在焉。"（《管子·轻重甲》）意思是说，拥有独特自然资源的诸侯国有三个，楚国拥有黄金资源，燕国拥有辽东的煮盐，齐国是其中第三个，拥有的独特资源正是"渠展之盐"。渠展，即入海口可以煮盐的地方。管仲对齐桓公说，对于这样独特的自然资源，如果使用不当，管理不善，

《晒盐图》

就会白白浪费，利用好了，就可以富民富国。如何利用好这个资源，管仲采用了以下措施：

国家垄断食盐的生产和销售，尤其是对别国的销售，充分利用了淡季和旺季的价格落差赚取利润。十月份，齐国进入秋季，管仲下令开始煮盐收盐，到了第二年正月，齐国聚集了大量的盐。而此时，燕国的农民正忙于耕种，无法生产盐，因此盐在市场上的价格大涨。此时，管仲请齐桓公将盐大量销售到梁国、赵国、卫国等不能产盐的国家，结果卖盐获得黄金一万一千多斤。一时间出现天下黄金滚滚流入齐国的现象。齐国也在短时间内聚集了大量财富。而管仲又利用这些黄金购买齐国的短缺物资，进一步充实了齐国实力。

不仅如此，管仲还利用盐巧妙地实现了间接征税的目的，即所谓"正盐策"。因为盐是人民生活的必需品，日常消耗量很大，管仲曾给齐桓公算过一笔账，诚如《管子·海王》篇中的记载，"十口之家十人食盐，百口之家百人食盐。"一个月算下来，男子需要消耗盐五升半，女子需要消耗盐三升半，孩子需要消耗盐二升半。按照家庭推算的话，这是一个更为庞大的数量。因此管仲要求齐国实行盐业专卖制度，由国家掌控盐的销售价格，并适当提高销售价格。管仲指出，仅仅让盐的价格每升提高半钱，那么每千钟盐的销售就将多卖出二百万钱。一个千万人口的国家，一个月就可靠卖盐收入六千万钱。如果按照这个钱数向百姓征税的话，那么男女老少都会强烈反对，但是将税放到盐价里来征收，就不会引起百姓的过激反对，还能极大增加国家收入。管仲的这一策略，在齐桓公的支持下，在齐国大力推行。

随着经济贸易的发展和商品流通的增加，齐国的货币日益广泛地使用开来。春秋初期，齐国流通的货币主要有珠玉、黄金、铜币等。现在出土可见的刀形铸币，正是齐国使用过的铜币。管仲把这三种货币分为三等，"以珠玉为上币，以黄金为中币，以刀布为下币。"（《管子·国蓄》）管仲对货币在国家经济生活中的重要作用已经有了相当充分的认识，正如《管子·国蓄》中所讲"善者执其通施以御其司命"，就是说善于治理国家的国君要通过控制货币的流通来控制国家经济命脉，因此，管仲建议齐桓公掌控好齐国的货币问题。管仲认为，珠玉和铜币等货币，最终都要以黄金为标准进行兑换，使黄金成为货物交换的恒定等价物。在《管子·轻重甲》中记载有"粟贾平四十，则金贾四千"的说法，基本反映出当时齐国一两黄金约相当于四千铜币，十钟粮食大约相当于一斤黄金的价值。管仲指出，国家只要调控黄金对应某种重要产品的兑换价格，就能相应地调整珠玉、铜币这些上币和下币的购买能力，从而整体把控市场交换和货物贸易。

在齐国，货币的铸造权是由国家牢牢掌控的，货币也成为齐国调节物价、增加国家财政收入的重要法门。管仲认识到"岁有凶穰，故谷有贵贱；令有缓急，故物有轻重"（《管子·国蓄》），如果放手让商人去利用这些价格的起伏波动倒买倒卖，必定会造成囤积居奇扰乱市场加重百姓负担，而如果是国家出手干预，在丰年粮食价格低时，以货币大量收入粮食，在灾荒年份时再以平价抛出粮食，不仅可以救济民情平抑物价，防止奸商获利，还可以使国君获取大笔经济收入。这也是管仲"轻重"学中的重要组成部分。

第三步是对外交往上，管仲也注意发展与别国的贸易，在出口贸易中赚取利润。例如，齐国不仅自己产盐，还曾从近邻莱夷进口盐，再加价转卖给其他国家，从中赚取不菲的差价。管仲与齐桓公注意与别国进行商业斗争，以维护齐国的经济利益。管仲曾向齐桓公说"五战而至于兵"，就是五种经济斗争的商战方式相当于用兵。这五种方式是"战衡、战准、战流、战权、战势"，也即平衡之战、平准之战、流通之战、权变之战与权势之战。齐国运用这五种商业战的方式，在与别国的贸易中积累了不少财富。

例如，齐桓公和管仲都知道鲁国和梁国的民众习俗是穿一种由绨织成的衣服，于是齐桓公便穿上一件由绨做出的漂亮新衣服，并且命令周围的人都穿绨做成的衣服，老百姓也纷纷效仿，一时间穿绨便成了新风尚。齐桓公特意下令齐国不要纺织绨，一定要仰仗鲁国和梁国来解决绨的不足。管仲又专门告诉鲁国和梁国的商人说，你们为我齐国收购绨十匹，就赏赐给你们三百两黄金，收购百匹绨，赏赐三千两黄金。这样一来，鲁国和梁国觉得，不用向农民征收赋税，靠绨获得的收入就足够丰衣足食了。于是，鲁梁二国的国君都鼓励民众生产绨来卖给齐国，男女老少齐动手都去生产绨，以至于荒废了农事。待到鲁梁二国彻底错过了农时，搞得民众饥饿相继时，齐国下令不再收购两国的绨。这样，大量的绨积压在仓库中无人问津。这时，鲁梁二国幡然醒悟，但为时已晚，粮食价格暴涨，鲁梁二国的百姓纷纷逃往齐国。三年之后，鲁国和梁国的国君不得不向齐国服软请求帮助。这正是历史上有名的一场商业战争，以齐国大获全胜而结束。

为了给齐国发展营造良好的环境，齐桓公采纳管仲的建议近交远攻。就是对离齐国较远的不服从的国家进行征讨，而对邻近齐国的国家则保持友善关系，结成利益同盟，形成对齐国的屏障。为此，齐国退还占领的邻国的土地，维护邻国的疆界，谢绝邻国给齐国的馈赠，帮助邻国渡过难关。例如对于鲁国，齐国归还了侵占的潜、棠二地，对于卫国归还了台、原姑和漆里之地，对于燕国归还了柴夫等地。齐国也与这三个国家结成了联盟，共同防御外敌。为了更好地掌握其他国家的情况，齐桓公还派出众多游士车马衣裘，到各地去观察了解情况，帮助齐国搜集需要的信息。

在这些内政外交、政治经济多方面的改革发展措施下，齐国的经济进一步繁荣，贸易更加发达，天下财货、人口如流水般归之于齐，齐国在此时真正实现了国富民强，达到了国力之顶峰。齐桓公带领齐国在此基础上成就了一匡天下、九合诸侯的赫赫霸业，他不仅成为各诸侯国的盟主，而且带领中原各国抵抗夷狄入侵，维护周王室权威，在维护中原地区稳定及中原文明发展上发挥了重要作用。而这些辉煌的历史功绩，正是以齐国坚实的物质基础和丰厚的国家财力为基础的。

可惜的是，齐桓公晚年重用佞臣，自己病饿而死不说，还遗留下五个儿子争夺君位的祸端，致使齐国陷入长时间动荡内乱。齐国的霸主地位丧失了，国力遭到了严重损害。

（三）晏婴相齐与齐国图强

齐桓公五子争位后，齐国又先后经历了崔杼庆封当权乱国，前后将近一百四十年的时间里一直内乱不止。这段时间内，齐国历经齐惠公、齐灵公、齐庄公和齐景公，国君被弑、大权旁落、政局动荡成为政治环境的常态，齐国因而错失了改革发展的好时机。而同时期的晋国、楚国等国家却先后崛起，争夺着霸主的位置。齐国虽依然是东方大国，却早已失却了桓公时期的号召力。齐灵公二十六年（公元前556年），齐国大夫晏弱死，他的儿子晏婴继承了父亲的职位，成为齐国大夫。晏婴励精图治，帮助齐国恢复发展生产力，在当时的各个大国之间巧妙周旋，维护了齐国长时

▍晏婴画像

期的稳定和强盛，是齐国的一代贤相，历史上也常把管仲和晏婴并称为管晏。

晏婴在齐灵公时步入政界，刚过而立之年，可谓初出茅庐、资历尚浅，应该并没有引起齐灵公太多注意。齐灵公在位三年后即亡，晏婴侍奉齐灵公的时间较短，其政治才能并没有太多机会得以彰显。

齐灵公死后齐庄公即位，庄公在位共有六年。齐庄公是一个不讲信义的无道昏君，加上期间崔杼专权，君昏臣佞，朝政一片黑暗。晏婴清正不阿，多次劝谏齐庄公，但都没有被听从。例如，《左传·襄公二十二年》中有这样的记载，"秋，栾盈自楚适齐。晏平仲言于齐侯曰：'商任之会，受命于晋。今纳栾氏，将安用之？小所以事大，信也。失信不立，君其图之。'弗听。"意思是说，晋国的栾盈起兵反对公室，失败后来到了齐国。晏婴对齐庄公说，在商任之会上，我们接受了晋国的命令，现在接纳了栾盈，准备怎么任用他？以齐国现在的地位，相比晋国是小国，小国跟从大国就要遵守信用。如果失信不立，小国就不好站住脚。但是齐庄公并没有听从晏婴的建议。

再如《晏子春秋·内篇杂上》中连续记载了齐庄公不喜欢晏子的故事，首篇即是"晏子臣于庄公，公不悦，饮酒，令召晏子。"二篇则更为直接的记载到："晏子为庄公臣，言大用，每朝，赐爵益邑；俄而不用，每朝，致邑与爵。爵邑尽，退朝而乘，喟然而叹，终而笑。"这段记载颇具戏剧色彩，大意是有段时间齐庄公似乎能听从晏婴的话，经常赐予晏婴爵位和封地，但是后来大约因为晏婴太能谏言而终不符合齐庄公的心思，因此齐庄公不愿再听从晏婴的谏言，每次上朝，都要收回一部分爵位和封地。最后，晏婴的爵位和封地都被回收光了。晏婴退朝回家，喟然长叹，之后便笑了。大概是晏婴明白了，侍奉庄公这样的昏君，被斥退反而可以保得自身平安。果然，不久之后，齐庄公就被崔杼弑杀了。

齐庄公之后齐景公即位。景公在位初年，晏婴被重新启用，但当时还有崔杼、庆封专权，晏婴并不能真正发挥作用。直到崔、庆皆被除掉，齐景公二十六年即公元前 522 年，晏婴成为齐国相，总揽内政外交诸事，才真正有机会施展其政治才能。晏婴审时度势，在国内实行了一系列必要的变革，对外开展外交活动安抚邻邦，推动了齐国国力的复强。这些政治实践主要包括：

第一，匡扶公室，抑制私门。齐景公时期，中国社会处于春秋中后期，各诸侯国的权力逐渐从国君向下面的权臣转移，公室的力量大大衰减。例如晋国发生了赵穿弑杀晋灵公的事件，鲁国出现了三桓把持朝政三分公室权力的现象，这都是公室弱而卿大夫强的不同体现。在齐国，这种问题也不例外。齐桓公死后五子争权曾大开杀戒，齐灵公时期又出现了国氏家族的国佐叛变的严重事件，导致再一次的血雨腥风。齐庄公即位后被崔杼弑杀，崔氏被庆封消灭，庆封又被栾氏和高氏驱逐。大约在齐桓公死后的一百多年时间里，齐国的国君频繁更迭达十二次之多，其中齐庄公、齐简公等五位国君被杀死，齐惠公、齐悼公等五位国君是在权臣的操纵下即位的。陈僖、陈恒更是上演了一出立悼公、杀悼公、立简公、杀简公、立平公的令人瞠目的历史大剧。国君已然成为了私门的傀儡，而每一次君位的变动都意味着一大批人的流血或灾祸，意味着国家秩序的动荡和百姓福祉的动摇。

晏婴历经三朝，看过了太多权斗悲剧。当此之时，并没有哪个私门足够强大到可以代替国君，因此公室的衰弱并非好事，公室依然是秩序的象征，是百姓安宁的保证。晏婴坚决主张抑制私门势力的膨胀，匡复公室的力量，把政权集中在国君手中，以稳定国家政局，维护国家的各种正常秩序。

崔杼在弑杀了齐庄公后，拥立齐景公即位。他和同谋的大夫庆封分别出任了齐国的宰相与左相，并且劫持了齐国的将军、大夫、名流和庶人等到了姜太公庙的祭坛上，威逼大家与之结盟。崔杼在这里设置了三仞高的祭坛，祭坛下设置了祭坎，布置了千名甲兵手持武器环列四周，命令所有人都必须放下武器才可以进入。晏子却不肯解下自己的佩剑，崔杼答应了他。据《晏子春秋·内篇杂上》记载，"有敢不盟者，戟钩其颈，剑承其心，令自盟曰：'不与崔、庆而与公室者，受其不祥！'言不疾、指不至血者死，所杀七人。"在鲜血面前，在高压恐怖的氛围中，晏子却坚决不与崔、庆盟誓。他举着装满血酒的杯子说，崔杼大逆不道，弑杀君主，我如果不亲附公室而亲附崔、庆，那就让我遭受这个不祥之灾吧。说罢，晏婴饮尽了一杯血酒。崔杼十分清楚晏婴的才能，希望得到晏婴的襄助，见到晏婴如此抗拒，劝晏婴说，你改变你的话，那么我和你共享齐国；你如果坚持你的话，戟已经钩在你的脖子上了，你再好好想想。晏婴慷慨回答："劫吾以刃，而失其志，非勇也；回吾以利，而倍其君，非义也。""曲刃钩之，直兵推之，婴不革矣。"（《晏子春秋·内篇杂上》）见到晏婴如此耿直刚硬，崔杼顾忌晏婴在群臣中的影响力，竟然没有杀害晏婴。宁死而不阿附奸佞私门，晏婴在这里表现出了不畏强暴、舍生忘死的品格操守，令人钦佩。虽然他没能阻止崔杼、庆封的当权，但是他以自己的抵抗表现出了抑制私门、匡复公室的决心和意志，这在当时产生了一定的社会影响作用。

不屈服崔、庆，显示了晏婴从道义层面对公室的支持，而带头辞谢齐景公的赏赐，则是晏婴从经济层面对公室的支持。据《左传》中的记载，庆氏灭亡后，流亡在鲁国、燕国等地的公子们回到了齐国，齐景公把他们的日常器物和封地都返还给他们。赐给晏婴邶殿六十座城邑，晏婴坚辞不受。齐景公赐给子雅城邑，看到晏婴的做法，子雅也推辞掉了大部分城邑，只接受很小部分城邑。子尾也在齐景公赏赐城邑后又全部返还给了齐景公。晏婴说，"且夫富，如布帛之有幅焉，为之制度，使无迁也。"（《左传·襄公二十八年》）晏婴主张给私门的富裕设置一定的规模限制，使其不会产生过多的膨胀，以免影响世道人心。在齐景公四年，晏婴又带头把自己的封邑献给公室，以此来增强公室力量，弱化私门势力。齐景公十六年，陈桓子和鲍氏联合起来驱逐栾氏和高氏。当时，陈、鲍、栾、高是齐国的四大家族，双方在内讧中都想争取晏婴的支持，但是晏婴哪一方也不支持，而是坚定地站在齐景公一边。最后，陈鲍驱逐了栾、高，并且掌握了栾、高两大家族的财产。晏婴劝诫陈桓子说，"必致诸公！"（《左传·昭公十年》）即让陈氏将搜罗的财产全部交给齐景公。在晏婴的施压下，陈桓子最后果真将两家的财产全部交给了齐景公。

除此之外，晏婴试图用礼来限制私门的发展，让卿大夫们谨守为臣子的规矩，避免出现臣强君弱的局面。但在当时的历史条件下，恪守礼度只是一种美好的愿望，并不能真正发挥对强臣的制约作用。

第二，薄赋轻刑，爱惜百姓。齐国自国力富强尤其是春秋首霸之后，历代君主中不乏骄奢淫逸之人，他们用锦衣玉食、建亭台水榭，生活奢靡、挥霍无度。这些都需要加紧对百姓的盘剥。齐国百姓所要承担的赋税、徭役等可谓多如牛毛，负担沉重，生活困苦。《左传·昭公二十年》有这样的记载：晏婴劝诫齐景公不要因为自己久病不愈就乱杀祭祀鬼神的祝、史时说，如果祝、史遇到明君，他们在鬼神面前祷告自然能够无愧于心；但是如果祝、史遇到的是昏君，他们在祷告时说真话就会让君主不高兴，说谄媚的假话就是欺瞒鬼神，他们可就为难了，只能说些没用的空话。借此机会，晏婴描述了昏君的所作所为，而这其实正是对当时齐国情况的真实写照，"外内颇邪，上下怨疾，动作辟违，从欲厌私。高台深池，撞钟舞女，斩刘民力，输掠其聚，以成其违，不恤后人。暴虐淫从，肆行非度，无所还忌，不思谤讟，不惮鬼神，神怒民痛，无悛于心。"（《左传·昭公二十年》）

当时，齐国的政治出现了不少问题，统治阶级敲骨吸髓般地剥削百姓，与民争利。例如，公室垄断了鱼盐之利，侵占了绝大部分百姓生活的资源空间，让百姓无所依傍。正如晏婴所言"山林之木，衡鹿守之；泽之萑蒲，舟鲛守之；薮之薪蒸，虞候守之；海之盐蜃，祈望守之。"（《左传·昭公二十年》）意思是说，山上林子中的树木有衡鹿这种专门的官吏看管着，洼地里的芦苇蒲草有舟鲛这种专管水泽的官吏看管着，野地里草坡上的柴火有虞候这种官吏看管着，海里的盐和蛤有祈望这种专管海的官吏看管着，都不许老百姓利用，都被官府垄断着，百姓可以用来生产生活的空间被压缩得极为有限。

再如，官府在市场中强征各种商税。齐国素来工商业发达，但是到了晏婴时代，官府在各种要害路口设置关卡，向来往商客征收名目繁多的税种。甚至有官府中人依仗权势在市场上白拿、勒索、索贿，极大加重了工商业者的负担。因此晏婴痛心地向齐景公说"县鄙之人，入从其政，逼介之关，暴征其私。承嗣大夫，强易其贿。布常无艺，征敛无度；宫室日更，淫乐不违。内宠之妾，肆夺于市；外宠之臣，僭令于鄙。"（《左传·昭公二十年》）

还如，齐国为了加强对百姓的控制，刑罚日益严苛。用法度治理国家是姜太公尤其是管仲创立的优良传统，是齐国走向安定和富强的重要保障。但是经过后来几代国君的层层加码，在逐渐尖锐的官民矛盾中，刑罚已经变得日趋严酷。到了齐景公时代，"藉重而狱多，拘者满囿，怨者满朝。"（《晏子春秋·内篇谏下》）有一次齐景公向晏婴询问市场物价的情况，晏婴借此回答说，市场上"踊贵"而"屦贱"，即假足贵而鞋子贱，以反映齐国狱讼之多、刑罚之重。

其实，齐景公本人就酷虐有加，多次滥施刑罚。例如，齐景公特别喜欢一棵槐树，为此立了禁伤槐树的法令。一名醉酒之人在不清醒的状态下伤了槐树，齐景公便要治罪该人。再如，齐景公喜欢打猎，有一次出去打鸟，一个村野之人不小心惊吓了鸟儿，齐景公便大怒要诛杀这个人。还有，齐景公命令士兵捏土制作陶坯，时值寒冬腊月，很多人挨冻挨饿，因此没有完成齐景公的要求。"公怒曰：'为我杀兵二人。'"（《晏子春秋·内篇谏下》）这些都反映了齐景公的滥施刑罚，反映了齐国狱讼之繁多、酷罚之沉重。

在这种税赋多、刑罚重的环境下，百姓生活苦不堪言，举国上下民怨沸腾，男女老幼都在诅咒国君。晏婴深切了解人民疾苦与齐国政治的衰败，成为宰相后，他反复向齐景公进谏，他说，穷尽百姓的财物以满足自己的欲望，这叫暴虐；嗜好器物并和国君的威严联系在一起，这叫违逆；杀伐太多太广叫作残害。这些都是殃及国家根本的做法。晏婴反复要求减轻税赋，减轻刑罚，减轻人民负担，给人民生息的机会。

晏婴寻找每一个可能的机会向齐景公进谏，在他苦心的劝说之下，齐景公终于有所醒悟，认识到了税罚过重对国家的危害。齐景公说"微大夫教寡人，几有大罪以累社稷。今子大夫教之，社稷之福，寡人受命矣。"(《晏子春秋·内篇谏下》)于是，齐景公下令去掉设置的关卡，放宽了政令，废除掉五花八门的禁令，减轻了赋税，减免了许多刑罚，齐国的政治清明起来。

第三，勤俭节约，爱惜物力。到齐景公时期，齐国的上层统治者中弥漫着浓厚的奢靡享乐之风，齐景公正是这种风气的最大带动者。作为国君，齐景公毫无顾忌地田猎、游乐，享用华服美馔。据史料记载，齐景公曾经专门做了一双鞋子，"黄金之綦，饰以银，连以珠，良玉之絢"(《晏子春秋·内篇谏下》)，华丽无比，达到了一尺的长度。由于装饰的黄金玉石太多，鞋子太重，导致齐景公走路都有些困难了，但他仍在寒冬时节穿着去上朝。国君的行为举止有很大的表率作用，他对华美器物的追逐也带动了其他公卿大夫的效仿，齐国的奢靡之气充塞朝野。这种风气具有极大的社会危害，对于上层统治阶级，会促使其想方设法甚至不择手段聚敛财富，加重对百姓的搜刮；对于下层百姓，则会纵容其逐渐形成懒惰之心理、散漫之态度、浪费之行为。这些都不利于社会财富的累积，都会加剧社会矛盾的对立和社会秩序的动荡，让国家走入危亡境地。

晏婴深刻认识到奢靡对齐国的危害，他一面劝诫齐景公勤俭节约，一面身体力行节俭朴素，以此带动社会风气的扭转。看到齐景公不顾严寒还要穿着华贵冰冷的黄金鞋，晏婴劝诫他"作服不常，以笑诸侯""用财无功，以怨百姓"，并把做鞋的工匠礼送出境。齐景公最终被说服，"撤履，不复服也。"（《晏子春秋·内篇谏下》）看到齐景公耽于游猎、侵夺农时，晏婴劝诫他"臣闻忠臣不避死，谏不违罪。君不听臣，臣将逝矣。"（《晏子春秋·内篇谏下》）齐景公最后不得不解除百姓的劳役，自己也打道回朝。

同时，晏婴自己也一直恪守俭朴的修身齐家方式。他拒绝了齐景公赐予的华美马车，而始终驾着驽马旧车上朝，给全国的官员树立典范。他的一件狐裘穿了将近三十年还在用，缝缝补补，以旧当新。他的住宅处于闹市之中，且地势低洼，晴天尘土飞扬，雨天满路泥泞。齐景公要给他选择一处干爽安静的高地新修一座宅邸，晏婴坚决拒绝，他说比起穷苦百姓，自己住如此的宅院已经是奢侈了。晏婴位高权重，始终保持俭朴的生活，堪称齐国政坛中的一股清流。他的清正人格也带动和感染了齐国朝野上下，掀起了崇尚节俭的潮流。晏婴用持之以恒的努力刷新了齐国的政治，齐国进入了较长一段时间的政治清朗、社会安定、经济繁荣的发展时期，国力得以恢复、充实。齐国虽然不再是霸主，但依然是东方不可小觑的赫赫大国，是当时晋国、楚国这些强国都想拉拢的重要力量。在晏婴的巧妙周旋之下，齐国既不得罪晋国，也不得罪楚国，始终保持着外交上的平衡，维护着关系的相对稳定。

（四）田氏代齐与冠列战国

齐桓公十四年（公元前 672 年），陈国发生动乱，陈国的公子陈完出逃到齐国。此后陈氏家族在齐国扎下根来并发展壮大。经过五代人的累积，到了齐简公四年（公元前 481 年），陈氏家族的陈恒（又名田常、田成子）杀死齐简公，自任齐国宰相，从此掌握了齐国大权。这一过程将近二百年的时间，是姜氏齐国由极盛走向衰落的过程，也是田氏政权逐步强盛的过程，还是以姜氏为代表的封建领主阶级向由田氏代表的封建地主阶级交权的过程。此时的田氏并没有彻底废除姜氏傀儡君主，而只是把握齐国政权而已，他们先后立了齐平公、齐宣公、齐康公三位国君。齐康公十四年（公元前 391 年），田和流放了齐康公，自立为齐国国君。齐康公十九年（公元前 386 年），田和得到了周天子的正式认可，成为诸侯，田氏正式取代姜氏拥有了齐国。

当此之时，其他诸侯国也在进行新兴地主阶级取代封建领主阶级的历史变革。例如鲁国的三桓通过三分公室和后来的四分公室，取得了鲁国政权；晋国的韩魏赵三家瓜分了晋国，拥有了各自的政权。楚国和秦国也发生了新君继位的事件，楚悼王和秦献公的当政都为两个国家带来了新的元素，意味着封建地主制度的兴起。

新兴的地主阶级朝气蓬勃，他们充满了奋进的意志，誓要推动生产力的新发展，他们要求改变阻碍生产的各种落后生产关系、旧制度、旧习俗，除旧布新，为生产力的发展理顺制度创造条件。于是，由封建地主阶级掌权的各诸侯国纷纷开始了变革，在华夏大地上掀起了一场改革的浪潮和洪流。变革的先声最早在魏国，在魏文侯的支持下，孔丘弟子子夏的再传弟子李悝出任宰相，领导了一场促进农业发展、巩固地主政权的政治、经济变革。紧接着，赵国也开始了变革。在赵烈侯的支持下，公仲连展开了一场涉及税赋征缴、官吏任用、思想教化等各个领域的改革。楚国的楚悼王任用吴起进行了变革，韩国的韩昭侯任用申不害领导了变革，秦国的秦孝公任用商鞅领导了变革。在变革的推动下，各个诸侯国都发生了面貌一新的变化，国力在较短时间内得到大幅度增强。在这种国际改革的大潮流影响下，一向富有创新精神的齐国也进行了改革。

齐国的改革是从齐威王正式开始的。公元前356年，齐威王即位。这位后来大展神威的国君在即位之初却表现得很不尽如人意，他把国家大事都甩给了卿大夫，自己贪图享乐去了，而且他的享乐大大超出了士大夫们能够接受的范围，按照太史公的说法是"好为淫乐长夜之饮"（《史记·滑稽列传》）。官员们见国君不关心政事且如此昏聩，趁机以公谋私、中饱私囊，还相互倾轧，大搞派系斗争。在这种情况下，刚刚经历了前两任国君因争夺君位而动荡不安的政局更加腐化散乱了。而其他诸侯大国都在励精图治、富国强民，之后他们便会开拓疆域，蚕食弱小国家并入自己的统治范围。齐国随时都有被侵占的危险，状态实在堪忧。

齐威王的父亲在位时做了一件对齐国影响深远的事，就是设立了稷下学宫，广招四方学士，延揽天下人才。这其中有位叫淳于髡的，博学多识能言善辩，且怀有深切的忧国之心。他非常巧妙地劝说齐威王要振奋起来，他说齐国有一只大鸟，停在君王的庭院中，三年间不飞也不叫，不知那是一种什么鸟？齐威王有所触动，他回答说"此鸟不飞则已，一飞冲天；不鸣则已，一鸣惊人。"（《史记·滑稽列传》）齐威王当即罢乐却酒，开始亲理朝政。祖先们创业的基因在他那里激活了，他立志要远祖黄帝一统天下，近效齐桓公、晋文公霸业雄冠诸侯。为了实现富国强兵的宏图伟业，齐威王推行了一系列改革。

第一，刷新政治风气。政治风气是官吏队伍工作情况的真实反映，关乎吏治连接民心，齐威王的改革首先就是从整顿风气入手的。由于齐威王即位之初有段时间不理朝政，更由于齐国多年来的政治积弊，官员为政的风气极为不正，阿谀奉承、拍马溜须者大有人在，阳奉阴违、颠倒是非的大有人在，且往往一路高升，仕途顺达；而清正廉洁、勤勉做事的官员却不被重视，甚至受到诋毁。齐威王亲政后，派出多路使者去全国各地调查情况，他要求这些使者务必了解真情况，听取百姓真实的声音，不要被收买被表面的现象所蒙蔽。经过一段时间的明察暗访，各路使者给齐威王带回了比较准确的信息，他掌握了许多之前未曾掌握的新情况。然后齐威王把地方官七十二人都召集起来，总结评价他们的为政效绩，树立典范、惩戒后进。

其中，有一位即墨大夫，以往在朝堂中的风评比较差，受到的指责比较多。齐威王却对他说："自子之居即墨也，毁言日至。然吾使人视即墨，田野辟，民人给，官无留事，东方以宁。是子不事吾左右以求誉也。"（《史记·田敬仲完世家》）齐威王大加表扬这种埋头干工作造福百姓而不阿谀奉承的做法，给予即墨大夫丰厚的奖赏"封之万家"。还有一位阿大夫，以往在朝堂中赞誉不少，似乎颇得人心。齐威王却严厉地叱责他"自子之守阿，誉言日闻。然使使视阿，田野不辟，民贫苦。"听到此处，阿大夫已然惶惶不安，但接下来齐威王却有更严厉的叱责"昔日赵攻甄，子弗能救。卫取薛陵，子弗知。是子以币厚吾左右以求誉也。"（《史记·田敬仲完世家》）说完这些，齐威王下令将这位已经吓得魂飞魄散的阿大夫烹死，连同往日一起替阿大夫美言的人也一起烹死。经过此事，齐国上上下下都知道了齐威王的明察是非，"人人不敢饰非，尽务其诚。齐国大治。"（《史记·田敬仲完世家》）

第二，选用贤能人才。尊贤尚功是姜太公制定的治国方针，也是齐国一直以来的优良传统。进入战国时代，各个新兴的封建地主国家都对人才求贤若渴，礼贤下士的事迹在魏国、秦国等国家都经常发生。有富国强兵之志的齐国和齐威王也深懂人才的战略意义，加大了对贤能人才的搜罗和使用力度。前文提到的稷下先生淳于髡，本是齐国的一个赘婿，身份低下，且身材短小，其貌不扬。但是淳于髡满腹学识，有经纶之才，且对齐国充满热爱。齐威王发现了淳于髡的才能，提拔重用了淳于髡，让他参与许多重要的外交活动。而淳于髡也不辱使命，为齐威王排忧解难。例如，齐威王八年，楚国派出大军攻打齐国。看着重兵压境，齐威王十分着急，派淳于髡去赵国搬救兵。齐威王给了淳于髡黄金百斤，车马十驷。淳于髡仰天大笑，几乎都要把帽子上的带子都震开了。齐威王说，这些东西难道少吗？淳于髡说，臣是觉得君王所给的东西太少而所要的东西太多，所以笑啊。于是，齐威王增加了礼物的分量，黄金千镒，白璧十双，车马百驷。淳于髡带着这份厚礼去赵国求救，赵王欣然同意，发兵十万来帮助齐国。进犯的楚国见到大批援军赶来，知道取胜无望，连夜退兵而去。解除了危机的齐威王非常高兴，在后宫置办了酒席犒劳淳于髡。借此机会，淳于髡给齐威王留下了"酒极则乱，乐极则悲；万事尽然"（《史记·田敬仲完世家》）的劝诫，给齐威王深刻的警醒。

邹忌是齐威王选拔重用的另一位重要人物。邹忌善于弹琴，他以弹琴自荐于齐威王，被齐威王喜爱而留在宫中。不久，齐威王弹起了琴，邹忌推门而入说，弹得真好啊。齐威王说，先生还没有好好听完我弹琴，怎么就知道弹得好呢？邹忌说，弹大弦像春天般温暖，象征着君王；弹小弦廉洁清脆，这是国相的气度；按压琴弦很有力，松开很舒展，好似政令的畅通；各种声音高低相辅，回还而不妨害，好像四时的分明有序。所以，这琴弹得好啊。紧接着，邹忌又说起了弹琴好比治国安邦，"复而不乱者，所以治昌也；连而径者，所以存亡也。"（《史记·田敬仲完世家》）也就是说，多种声音相互调和但是不杂乱，这是治理昌明的表现；而各种声音勾连在一起又很短促，这是将忘的预兆。邹忌以此说明治国好比弹琴，要调配好各种声音，处理好各方面的利益关系。邹忌的分析打动了齐威王，也展露了邹忌对治理国家的深思熟虑。三个月之后，齐威王拜邹忌为齐国相，君臣相佐，推动了齐国的政治经济改革。邹忌还为齐威王推荐了四位贤能人才，分别镇守齐国的四方重镇，安全地守护着齐国的疆域。

齐威王还提拔重用了孙膑。孙膑因遭到同窗庞涓的嫉妒而被诱骗至卫国并遭受刑罚，后被齐国使者搭救来到齐国。齐威王发现了孙膑杰出的军事才华，委以重任，授为军师，领导齐军取得了诸多胜利。

齐威王不仅善于发现有能力的人才，而且知人善任，在识人辨人上独具慧眼。据《战国策》的记载，秦国借道韩国、魏国来攻打齐国，齐威王派出大将匡章率军迎战。可是，匡章在两军对垒时，却屡屡派出使者到秦军的阵营中，还更换了一些旗帜换上了秦军的旗帜，与秦军混合在一起。齐国的侦察人员发现这些情况后，立即向齐威王汇报，说匡章要叛变齐国加入秦国了。齐威王没有做出任何反应。接着，又有另外一名侦察人员向齐威王汇报同样的内容。齐威王依然没有回应。前后大约有三名侦察人员来汇报了这一情况。有司问齐威王说，同样的情报，不同的人汇报了三次，王为何置之不理？齐威王说，我深知，匡章是不会叛变的。不久，齐军大胜秦军的消息传到了王宫。齐威王用人不疑，给予充分信任，不干预臣属的部署，为人才才智的发挥留足了空间。这也成为中国古代选贤任能的典范。

第三，鼓励谏言献策。多听不同方面的意见有助于明辨是非，偏听偏信一方面声音就容易被假象蒙蔽。统治偌大国家的国君在能否耐心听取意见上尤其重要。齐威王鼓励臣属们进言献策，并且身体力行，以实际行动鼓舞大家积极进谏。《战国策·齐策一》中记载的"邹忌讽齐王纳谏"的故事，正是这一历史事实的生动记录。邹忌向齐威王指出，自己实际上并没有城北的徐公英俊，可是周围的人却都说自己比徐公英俊，明显不符合事实，因为周围的人都是从私心出发。一家之主尚且如此，一国之君更会面临这种被蒙蔽的危险。左右宫妇、朝廷之臣、境内百姓因为私爱、惧怕或者有求于国君，都会拣好听的话给国君说，如此国君受到蒙蔽的几率将会非常之高。齐威王听后深受触动，决意广开言路、虚心纳谏，他下令"群臣吏民，能面刺寡人之过者，受上赏；上书谏寡人者，受中赏；能谤议于市朝，闻寡人之耳者，受下赏。"此令一下，极大鼓舞了群臣进谏的积极性，以至于"群臣进谏，门庭若市"，持续一段时间后，由于齐威王虚心采纳意见并及时改进作为，群臣竟然再无合理的意见可提了，"虽欲言，无可进者。"（《战国策·齐策一》）

第四，大力发展经济。齐威王对于实现国家的富强有着非常强烈的愿望，因此他制定相关措施推动经济发展是毫无疑义的。但是由于相关史料的欠缺，今天很难具体讲清楚齐威王都采取了怎样的措施。不过可以肯定的是，齐威王非常重视土地的开垦和农业的发展。这在他奖赏即墨大夫的"田野辟，民人给"并惩治阿大夫的"田野不辟，民贫苦"上可以看得很清楚。据明代董说编撰的《七国考》中记载，齐威王时齐国盛行奢靡之风，百姓都不穿布衣而追求绸缎，于是齐威王颁布了专门的关于禁止穿锦绣之服的法令，如果违反刑同诽谤国君。这是一种非常严厉的惩治奢侈的规定。另外，稷下先生们追述管仲遗风编撰形成《管子》一书，记载了许多经济方面的思想与措施，但也在齐威王时期有所运用。齐威王后期开始发动战争对外扩张，如果没有坚实的经济基础是很难支撑战争进行的。这也从一个侧面证明了齐威王时期经济应是有了长足发展。

第五，办好稷下学宫。据东汉学者徐干的考证，稷下学宫最初是由齐桓公田午创办的，招揽各方贤士给以"大夫"称号，让他们议论政事，为齐国统治者出谋划策。田午在位十八年，此时的稷下学宫属于初创期，而到了齐威王时期，则进一步将之光大了。齐威王在位三十七年，有足够的时间为稷下学宫创造更优良的办学条件。用优厚的待遇供养人才自不必多说，而将其中优秀的代表性人才擢拔重用就是对稷下先生另一番鼓舞了。淳于髡、邹忌等人的擢升，就是齐威王重视稷下学宫的最好说明。同时，齐威王时期，稷下学宫也开了整理文献古籍资料的先风。正如《史记·司马穰苴列传》中的记载"齐威王使大夫追论古者司马兵法而附穰苴于其中，因号曰司马穰苴兵法"，就非常清楚地说明齐威王时期稷下先生们整理了司马穰苴的兵法思想，并汇编成兵法一书。另外据侯外庐等历史学家考证，记载齐国典章的《考工记》也当是齐威王时期的稷下先生们整理而成。

如果说齐威王时期为稷下学宫的兴盛开创了良好条件的话，那么到了后继的齐宣王、齐湣王时期，稷下学宫真正迎来了最盛的高峰期。据《史记·田敬仲完世家》中的记载，齐宣王时期，稷下学宫中列为上大夫的就有七十六人，其他籍籍无名的稷下学士则多达数千人。这其中有持不同思想的学士，如儒家、法家、道家等，齐宣王还亲自和孟轲、尹文等交流过。这些稷下学士们在优厚的条件下专心探讨学问和经世之道，一方面促进了思想的交流碰撞，书写了百家争鸣的历史华章，另一方面也为齐国统治者提供了治国安邦、富国强兵的政治智慧。

此外，军事方面，威、宣、湣时期也推行了一系列改革，使军队战斗力进一步增强。具体内容后面有专章论述。

总之，历经齐威王、齐宣王和齐湣王，齐国出现了政治清明、经济发展的局面，国力大为充实，府库盈满，兵强马壮。在齐威王时期，齐国经过桂陵之战、马陵之战，打败一度称雄的魏军，取代魏国成为中原地区的强国。此后又经过一系列的对抗与合纵，在列国纷争中齐国始终立在前列。齐湣王十三年（公元前288年），强大的齐国与迅速崛起的秦国并称为东帝与西帝。齐国在战国时代田氏的统治下，迎来了又一个历史兴盛期。

二、齐之强兵：重法度

"国之大事，在祀与戎"，春秋战国时期社会动荡，诸侯国之间的战争更成为一种普遍的现象。齐国作为春秋五霸之一，有丰富的强兵经验。根据《左传》统计，齐国在公元前677年至前644年这三十多年中，主动挑起和被动参与的军事活动多达173次。齐国长达八百余年的军事战斗史中，涌现出大批耳熟能详的军事将领以及卓越的军事指挥家，如姜太公、孙武、孙膑、田忌等。也流传下来不少影响深远的军事著作，比方说最有影响力的《孙子兵法》和《孙膑兵法》等，另外《管子》《荀子》中也多有强兵的传统智慧。这些经典军事著作，构成了极具特色的齐兵学思想。

（一）齐兵学概论

先秦诸侯国兵家的理论成果以齐国兵学最为耀眼。除了因为齐国有丰富的军事实战经验，另一个重要原因是稷下学宫的设立，使得诸子百家之思想能够在此汇聚融合，相互促进、相互补充。正如齐鲁文化研究专家王志民所说的那样："从中国教育史的发展角度看，它传承、革新了传统的官学教育，与孔子创办私学一样，都是空前伟大的创举。而它与孔子私学相比较，既传承发展了孔子的教育思想、精神、方法甚至制度、规则，又在诸多方面实现了创新和超越。稷下学宫被建设成为中国教育史上最早的大学，并与学术研究创新和为政治现实服务

| 山王村汉墓兵马俑

紧密结合，成为后世大学最早的雏形。"① 可见，稷下学宫的设立同样对于齐国军事思想发展有直接推动作用。了解这一点，我们在分析齐国军事思想特色时就需要考虑到兵家对其他学派理论的借鉴与吸收。

由于齐国兵学理论成就十分丰富，我们有必要先梳理一下其主要成果。

1. 现存成果

（1）孙武与《孙子兵法》

先秦齐国的兵书，最有名的是《孙子兵法》。据《史记》记载《孙子兵法》大概于春秋晚期成书，《史记·孙子吴起列传》："孙子，武者，齐人也，以兵法见于吴王阖庐。阖庐曰：'子之十三篇吾尽观之矣'。"这里清楚记载在公元前514年孙子在投奔吴王阖庐（一作阖闾）时作有兵法十三篇。可知《孙子兵法》为客居吴国的齐人孙武所著。1972年4月山东临沂银雀山汉墓《孙子兵法》竹简的出土印证了《史记·孙子吴起列传》记载的真实性，与《孙子兵法》一同出土的《孙膑兵法》在谈到"孙氏之道"时，也言"明之吴越，言之于齐。"② 另外，银雀山汉墓竹简还出土《吴问》《四变》《黄帝伐赤帝》等五篇与《孙子兵法》相关联的篇目。

---

① 王志民：《稷下学宫在教育史上的创新与超越》，《管子学刊》2017年第3期。

② 张振泽整理：《孙膑兵法校理》，中华书局1984年版，第44页。

《孙子兵法》一书，版本繁富，流传甚广。我们能够见到的重要版本有：曹操《魏武帝注孙子》（《孙子略解》）、宋代《武经七书》、宋代《十一家注孙子》和银雀山汉墓竹简本。其中，刊刻最多、流传最广的是《武经七书》，其次为《十一家注孙子》，二者构成了传世本《孙子》的两大版本，相信银雀山汉墓竹简本将会是未来的第三大版本。

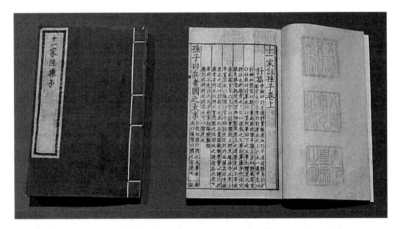

▌ 宋刻本《十一家注孙子》（上海博物馆藏）

《孙子兵法》的作者孙武（约公元前545—前470年），字长卿，齐国人，为陈国贵族之后。周景王十三年（公元前532年），齐国内乱，孙武避乱出奔吴国，入吴后长期避隐深居，潜心研究兵学。吴王阖闾即位后，孙武经伍子胥多次举荐，以所著兵法十三篇献阖闾，被任为将军。周敬王十四年（公元前506年），孙武与伍子胥共谋利用唐、蔡两国与楚的矛盾，将其争取为吴的盟国。吴楚大战开始，孙武在柏举之战中指挥吴国军队以三万之师，千里远袭，深入大国，五战五捷，直捣楚都，创造了中国军事史上以少胜多的奇迹，为吴国立下了卓著战功。孙武五十多岁时，便不再为吴国的对外战争谋划出力，转而隐居乡间，修订其兵法著作，最后得以寿终。

（2）孙膑与《孙膑兵法》

《孙膑兵法》由孙膑编著。孙膑的人生经历也是跌宕起伏，充满了传奇色彩。据《史记·孙子吴起列传》记载：孙膑是齐国人，生在今山东郓城、鄄城、阳谷一带，是孙武后世子孙，两人相隔约百余年，年少时孙膑与师兄庞涓俱学兵法，后来由于庞涓嫉妒孙膑才华，把孙膑骗到了魏国，并残酷地对他实施了膑刑，挖掉了他的膝盖骨。

后来孙膑在齐国使者的帮助下，回到了齐国。齐国名将田忌非常欣赏孙膑，后来发生了为大家熟知的"田忌赛马"的故事，孙膑为田忌献策赢得赛马比赛，获得千金。田忌于是将孙膑推荐给齐威王，担任齐国军事指挥者。孙膑所指挥的著名战役有桂陵之战、马陵之战，他亦因这两场战役名扬天下。在桂陵之战中他围魏救赵，

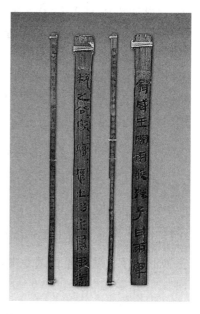

《孙膑兵法》竹简（山东博物馆藏）

后击溃魏军；在马陵之战中，又全面击败魏军，还诛杀庞涓，并俘虏太子申。他在军事作战中展现出的军事谋略使其兵法广泛流传。

战国秦汉之际，孙武与孙膑都被称为"孙子"。在《史记》中，"孙子"有时指孙武，有时指孙膑，例如《史记·田敬仲完世家》中的"孙子"就是孙膑。银雀山汉墓出土的《孙膑兵法》中所说的"孙子"指孙膑；《汉书·艺文志》作出了区分，将孙武称为"吴孙子"，孙膑称为"齐孙子"。事实上，大概因为《孙膑兵法》失传已久，加上先秦时期的历史文献里没有刻意区分"孙武"和"孙膑"，只有"孙子""孙膑"，所以长期以来有些学者还持有一个观点，即历史上很可能只有一个"孙子"，进而认为《孙子兵法》《孙膑兵法》其实是同一部书，《孙膑兵法》就是《孙子兵法》。直至1972年银雀山汉墓同时出土了《孙子兵法》与《孙膑兵法》，证实了两个"孙子"的存在才结束了这场长达千年的争论。我们现在能够看到的《孙膑兵法》就是由银雀山汉墓出土的《孙膑兵法》竹简修订成的。

（3）司马穰苴与《司马法》

关于司马穰苴，《史记·司马穰苴列传》中记载了这样一件事情。司马穰苴是田完[①]的后代子孙。齐景公的时候，晋国攻打齐国的阿地和鄄城，燕国侵伐齐国的河上，齐国大乱。景公为此忧虑，说：让晋国、燕国把君主送回来吧。晏婴因为

---

① 田完，陈国陈厉公之子，陈国灭亡后逃到齐国，为避姓改为田姓。

观察到田穰苴有安邦定国之才向景公举荐了他。经过一番交谈后，景公大赞其才华，封为将军派其击退燕晋之兵，事后将田穰苴尊为大司马，掌兵权，因此又被称为司马穰苴。后来，田穰苴之孙田和自立为王后

《司马法》

大兴田穰苴之兵法，诸侯皆服。另外，《史记》还记载，齐威王还命大夫们将古代《司马法》附于穰苴兵法之中，因而穰苴之兵法也叫《司马法》。

根据《史记》的记载，《司马法》应该包含两部分内容，一部分是古司马法，另一部分是田穰苴之兵法，且田穰苴并没有亲自写作兵法，而是齐国大夫总结的田穰苴用兵之枢要，并蕴含了对古司马法的重订与发挥。

所以，可推断《司马法》中不全是田穰苴之用兵思想，其中有一部分是商周时期的兵家之作，未散失的《司马法》中有很多军礼、军制内容，正因如此《汉志》将《司马法》归为礼部，而今存本《司马法》则多有政略、战术思想，可见在《司马法》流传过程中遗失且重订了一部分内容。

（4）姜太公与《六韬》

姜子牙（约公元前1128—前1016年），姜姓吕氏，名尚，

字子牙，号飞熊，又称姜太公、师尚父、太公望、吕望。《史记·齐太公世家》载："太公望吕尚者，东海上人。""武王已年高王天下，封师尚父于齐营丘。"吕尚曾经是周人灭商战争的实际指挥者，商朝末年韬略家、军事家与政治家，西周开国元勋。武王继位后，姜子牙拜为国师，牧野之战中立下首功，被封为齐国之侯，都于营丘（今山东临淄），成为齐国始祖。姜太公先后辅佐了文王、武王、成王、康王等四代周王，既主军，又问政，武能安邦，文能治国。

首先需要说明的是，今本《六韬》虽然托名于姜太公，却并不是太公所作。原因有三：第一，就写作形式而言，《六韬》是以第三者口吻来追忆姜太公和周文王及周武王之间的对话。这是托名式古书撰写的通式。第二，据史料所载太公大致生活于殷商末年至西周初年，据现存史料来看，那时并没有私人著说。因此可推知，《六韬》非但不是太公之著作，大概也不是太公所处时代的著作。第三，依据中华传统军事思想发展史来看，商末周初应当还不具有创立如此完备的军事理论体系的可能。其中很多军事名词与周初的军事思想著作如《军政》《军志》和《易经》中涉及战争的内容比较来看，语言、体例、专业术语都不一致。今本《军志》《军政》是从多部古代文献中辑录出来的，内容多涉及战略、政略思想，重点并不是详细阐释兵家思想。然而反过来想，我们不得不考虑到既然《六韬》假托太公之名而著，多少应与太公有一定关联。这种关联除在思想上与太公兵学思想有一定的一致性外，或就是齐国学者所著，其署名很有可能是由于崇拜太公而托以太公之名。

 知识链接 ••

《六韬》据说是由周初太公望（即姜子牙）所著，全书以
太公与文王、武王对话的方式编成。西汉国家藏书目录《汉
书·艺文志》著录为《太公》237 篇，其中《谋》81 篇，《言》
71 篇，《兵》85 篇。

那么《六韬》究竟是何时所作呢？依照《六韬》中的某些
语句来分析，大概是战国晚期的兵学思想著作。因为其中讨论
到的政治制度明显带有战国末期的一些特征。例如《六韬》中
明确论及"将相分职而各以官名举人"的官吏设置与任用制度，
即将相分离制。实际上，在春秋战国以前，文武官员并没有在
制度上予以明确区分，而是寓将于卿，这是那个时代的官制特
点。到了战国时期，诸侯国的新兴地主阶级逐渐进行常态化备
军，负责军队事务指挥的官职便独立出来。而在《六韬》中不
仅提到"将相分职"，而且还体现出已有较为系统的军事机构。
如此细致的分工到了战国时期才有可能出现，并且极有可能是
稷下学宫某些学者的理论成果。

《太公兵法》被认为是齐国兵学先源。自唐朝起，多称其
为《太公六韬》，不少出土文献中都有"太公"的相关记载，
例如银雀山和八角廊汉简。其中银雀山汉简有十四组简文，包
括传世版本《六韬》中的内容，还有的是《群书治要》《太平

御览》等经典征引的不见诸传本的逸文。而八角廊汉简中的几篇文字和几个篇名与传世本《六韬》相合。其实自唐宋起《六韬》就被怀疑为伪书，而银雀山汉简与八角廊汉简的面世，证实《太公六韬》确实在西汉前期就已经流传于世。

综合来讲，先秦流传至今的兵学著作，当属齐国兵学成果最丰富，兵法理论最精辟，且影响广泛而深远，在中国古代兵学思想史上占有相当重要的地位。

2. 权谋派与礼法派

流传于世和最新出土的齐国兵书，可依据其核心思想分为两派：一是以《孙子兵法》与《孙膑兵法》为代表的权谋类，《汉书·艺文志》将它们列为"兵权谋"类，盖因它们以谈军事策略为主；另一派以《司马法》为代表，《汉志·艺文志》将其列入"六艺略"的"礼"部，盖因其以阐述古代治军礼法为中心内容。权谋派与礼法派基本可以涵盖齐国兵学的最高理论成就。

（1）权谋派

权谋类兵学著作，包括《孙子兵法》《孙膑兵法》《太公》（也包含《六韬》《管子》中的兵学思想相关若干篇目）。这些兵学著述开始被刘歆列入《七略》中的"兵书略"，后来班固将《太公》和《管子》改列为"诸子略"中的道家类目，仅保留《孙子兵法》与《孙膑兵法》在"兵书略"权谋类中。可见在班固看来权谋类兵书所强调的应是用兵之法，突出的是"兵者，诡道也""兵以诈立"这一理论特征。例如，在兵权谋的序言中谈到："权谋者，以正守国，以奇用兵，先计而后战，兼形势，包阴阳，用技巧者也。"（《汉书·艺文志》）如《孙子兵法》，整本书以军事谋略贯穿始终。所谓兵者诡道，实是对孙子兵学思想之本质特征最为深刻的理解，"诡"字同样是孙子制胜之策的高度总结。中国古代早期对战形式，最讲求的是排兵布阵，必进退统一，攻防有序，十分"循规蹈矩"，攻守要做到"动之以仁义，行之以礼让"（《汉书·艺文志》），才可以称其为"正道"，与"诡道"相反。至春秋时期，战争形式已基本冲破了"正道"的道德羁绊，成为战争参与者智、勇、力的较量，而且这种形式在后来军事战争中得到长足发展。《孙子兵法》就是对这一时期这类战争形式相关军事经验的概括与总结。因而孙子更重视战争策略和方式的灵活变通，即所谓的诡诈性。孙子认为作战过程中，应当将自己的真正的军事意图隐藏，如《孙子兵法·计篇》所言：

> 能而示之不能，用而示之不用，近而示之远，远而示之近。利而诱之，乱而取之，实而备之，强而避之，怒而挠之，卑而骄之，佚而劳之，亲而离之。攻其无备，出其不意。

诡诈之术其实就是不拘泥于常规性作战方法，不遵守早期作战之"礼"的打法，而这些正是孙子所重视的作战原则。在孙子看来，战争本就是残酷的，如果能以计谋迅速取胜，又何必要在反复的、机械化的攻防过程中丧失大量生命？因此，可以说"诡道"不是出于孙子的个人作战偏好，而是尊重生命的选择，或可说是以"爱人"为底色的，也是战争思想发展规律的必然。由于战争的残酷性，只有运用计谋，才更有可能以尽可能少的牺牲获取胜利。

顺理成章地，孙子自然十分推崇"智"在军事作战中发挥的作用，《孙子兵法》也贯穿了这种尚智倾向。在《孙子兵法·计篇》中明确了将帅应具备的"五德"即智、信、仁、勇、严，其中"智"被列于首位，足以见孙子对于军事智慧的看重。有学者指出：后世的历代军事家之所以推崇《孙子兵法》，也正是在于从孙子高超的用兵艺术中汲取智慧和谋略，用以指导自己的军事实践活动，从而达到战胜攻取之现实目的。[①]因此可以说，论讲兵法谋略，没有哪一部古代兵书可以超越《孙子兵法》。如今，《孙子兵法》已经走向世界，被译成多种语言，在世界军事史上也具有重要的地位。直至现在它仍是各国军事指挥家的必读书目，对现代战争仍然具有借鉴意义。

《太公》《管子》中的兵学思想较《孙子兵法》而言，则更为注重论述其治国思想，这应是班固将它们列为道家著作的原因。要知道道家分支与流派较为复杂，老子以后可大

---

① 田旭东：《先秦齐国兵学成就略论》，《中国史研究》1997 年第 3 期。

致分为两派，一派以庄子为代表讲求清静无为之学；一派以稷下学宫的道家学派为代表，如慎到、田骈等，借老子之"道""德"说，论"法"之大用，探讨治国之良策。这一派我们也称之为稷下黄老道家或道法家。《汉书·艺文志》中有言："道家者流，盖出于史官，历记成败、存亡、祸福、古今之道。"可见，其中的"道家"就是指黄老道家，而黄老道家的思想特色就在于通过总结历史经验教训，汲取百家之思想精华为君主治国决策提供理论支持。其实这也是《老子》的思想特征之一。

自唐代起，很多学者都将《老子》的思想作为兵学思想去阐释、理解，如唐代政治思想家王真①，又如后世的苏辙、王夫之、章太炎等，都将《老子》作为一部兵书去理解和解读，认为《老子》虽在字里行间反"智"，实际上对智慧的推崇不亚于孙子、管子，且其中蕴含的辩证法思想实际上与《孙子兵法》中的用兵战略有异曲同工之妙，可见兵家或汲取了道家的朴素辩证法思想而发展出较为严谨的军事战争理论。且细读《孙子兵法》，不难发现其中也借论军事策略抒发自己的政治见解，这一点从银雀山汉简《孙子兵法·吴问篇》就能看出来，

---

① 王真是唐代后期的一位政治思想家，著有《道德经论兵要义述》，是一部道家军事政治学的名著，先后收入明《正统道藏》和新编《道藏》等重要道家和道教丛书之中，其中所阐述的"用其所不用""权与道合"的用兵之道，不仅反映出他的思想在当时的进步性，也为我们今天加强国防建设、解决国际争端提供了可借鉴的精神资源。

这一篇实际上就是在讨论治国思想。此外《孙子兵法》中有多处看似讲兵略，实际上指出政治对于军事的影响及相互作用的内容。另外从《孙膑兵法》中分析，不乏引述"三皇""五帝"等儒家所推崇的圣主故事来阐释其自身的思想理论，如《见威王》篇中有言"战胜，则所以在亡国而继绝世也；战不胜，则所以削地而危社稷也"，这与《论语·尧曰》"兴灭国，继绝世"之语式一致。

（2）礼法派

以《司马法》为代表，齐国第二个兵家流派是礼法派。从书名看，《司马法》与《孙子兵法》《孙膑兵法》等用人名来命名的兵书不一样，它是以官职命名。从这一点分析，它并不是以总结个人军事战略和战争经验为主，而是以客观记录大司马职责及军队制度与法规为核心内容。现在出版的《司马法》仅有 5 篇，其余大量内容如实记录军法、军礼的部分则存于《司马法》逸文里。

🔗 **知识链接**

《司马法》逸文主要为清代人张澍、黄以周和钱熙祚所辑。全部大约 60 余条，据田旭东《先秦齐国兵学成就略论》所总结，大致反映了 13 种古代军法、军礼，包括：（1）军队编制。即对兵员及战车进行自下而上的编制，设置官职，明确职掌。（2）军赋制度。即根据户籍制度、畿服制度征发士卒、车马等出军定赋。（3）出师。包括出师时令、事由、目的，出师之前的宜社、造庙等祭祀活动。(4)指挥联络。包括旌旗、金鼓、徽章等。(5)誓师。(6)军容与军中礼仪。(7)校阅狩。(8)凯旋、献捷、献俘。(9)军中禁令。(10)军威。(11)赏罚。(12)刑罚。(13)止语。

在现存先秦兵学文献中，以《司马法》所记载的军礼、军法内容最全面。其实先秦以前，就军队制度来讲，礼与法并没有十分明显的划分。《周礼》中将礼分为"吉、凶、军、宾、嘉"五类，《司马法》中所记载的可以同《周礼》互为参证。古代有学者甚至还把《司马法》作为商周时期以礼治军之总结，更有学者将《司马法》视为礼书进行研究。

知识链接

孙诒让在《周礼正义》中评价《司马法》："《司马法》实古军礼之遗文，故足与礼经相证。"秦蕙田的《五礼通考》、黄以周的《军礼司马法考证》《礼书通故》也都是把《司马法》当作礼书来研究。

《司马法》中的礼制是十分丰富的。例如，关于军队设立制度，《司马法》有载："六尺为步，步百为亩，亩百为夫，夫三为屋，屋三为井，四井为邑，四邑为丘。丘有戎马一匹、牛三头，是曰匹马丘牛。四丘为甸，甸六十四井，出长一乘、马四匹、牛十二头、甲士三人、步率七十二人、戈具，谓之乘马。"① 关于出师时间则云："春不东征，秋不西伐，月食班师，所以省战。"其中"月食班师，所以省战"比较难理解，就其含义来说，在古代与"军队"有关的事情，被认为属"阴"，月食象征着"阴毁"，不利兵事，所以要班师息战。

关于军中之礼，《司马法》有载："兵车不式，遭丧不服。"其中"兵车不式"就是指在战车上不必行礼，"遭丧不服"即家有丧事也不必非要服丧。当君主政令与军令相矛盾时，《司马法》也记载了如何处理，如"进退唯时，无曰寡人"，再如"阃外之事，将军裁之"，很明显，这与后来"将在外，君命有所不受"之说相符合。

另外，需要指出《司马法》中的军礼也体现了"民本"思想，比较典型的一句是："战道：不违时，不历民病，所以爱吾民也；不加丧，不因凶，所以爱夫其民也；冬夏不兴师，所以兼爱其民也。"（《司马法·仁本》）可以看出来，《司马法》中的很多礼制都是出于对民众的需求与爱护，反映出"仁爱"思想，这是礼制的重要理论基础之一。

《司马法》中所记录的我国最早的军法内容，对后世影响极大，西汉初年的萧何次律令、韩信申军法实际上就是对《司马法》的传承和补充。就目前学界研究成果来看，汉代军法是本于《司马法》的。因为汉《军法》中的很多内容都与《司马法》相似，未出《司马法》所论之主题。

---

① 王震：《司马法集释》，中华书局 2018 年版，第 218 页。

整体而言，齐兵学的权谋派与礼法派是先秦兵学思想的最高理论成果代表，不仅对后世军事发展有直接推动作用，甚至可以说在整个中国古代兵学发展史上都占有十分重要的地位。齐国兵学思想可谓是独辟蹊径，长盛不衰。

（二）"慎战与重战"相统一的战争观

基于利益并重的军事出发点，齐国政治、军事思想家们倾向于慎战与重战相统一的战争观，这是齐国兵学思想中非常具有精神特色的军事理论，在当今社会对于我们树立正确的战争观仍然具有十分重要的借鉴意义。

1.利义并重的军事出发点

如何正确处理利义关系，一直是齐国思想家、军事家们极为关注的问题。稷下学宫的学者们也常常围绕这一议题展开激烈讨论。归根到底，利与义实际上涉及了如何平衡现实理性和道德价值的问题。一方面，对"利"的考量会促使更多地关注国家、人民的根本利益和战略手段的实用性和有效性等问题；另一方面，对"义"的考量会促使更多地关注战争的正义与合情合理性等道德价值问题。就这一点来说，齐国思想家、军事家们"利义并重"的战略价值取向对于先秦时期战略思想发展有着重要的意义。

整体看来，先秦时期的利义观大致可以分为两类。一类是以孔子、孟子为代表的儒家学派，重义而轻利，重仁义而轻功利，将仁、义、礼作为最高道德追求，推崇"舍生取义"，认为道德理想高于一切，"利"的获取方式必须合乎礼法、合乎情理，即要有充分的正当性。另一类是以商鞅、李悝为代表的三晋法家学派，他们的理论重利益而轻仁义，重功而轻礼，反对儒家的"仁政"主张，极力倡导军、法强国。即对内依法治国，严刑峻法，以维持国内环境的稳定、有序，对外则加强军队建设，并严格按照军功奖赏、提拔将士，鼓励人们追求功利，追求物质利益，通过军功改变阶级地位，以此实现富国强兵的愿望。

齐国的政治家和军事家们不同于上述两派，以管子为代表的齐法家，他们主张利义并举，礼法并行，法教兼重利与义的平衡点，对内既采取富国惠民的经济政策，保障百姓的生产生活所需，又推行相对宽缓的法律制度，并结合礼制，维护国内的安定。对外则贯彻"王霸并举"的军事方针，既慎重而积极的备战，不避讳采取"奇诡"的军事策略，以维护本国的主权和根本利益，同时还坚持"义战"思想，即征伐必须符合仁义等道德标准。

详细来讲，管子以"利义并重"作为其国家战略规划的基本出发点。这一出发点首先与齐国实际国情与战略目标有密切联系。管子被齐桓公任命为齐相后，即确定了明确的政治目标实现方式——"王霸并行"。其主张以"导德齐礼"为本，"霸道"以"尚法尚力"为主要实现方式。因此，要想做到"王霸并行"，就必须保证国家"德"与"力"的均衡发展，避免"德"与"力"的单维扩张。所以单方面强调"义"或"利"的重要性都是不可取的，必须按照"利义并重"的原则分析实际问题，制定军事策略。

此外，将"利义并重"作为基本出发点也是基于对现实情况的考虑。不可否认管子是极为推崇功利的，但这是出于他强烈的富国强兵理想，以及对人性的清醒认识与判断。《管子·牧民》言："政之所兴，在顺民心；政之所废，在逆民心。"管子认为民众的力量不可小觑，所以要充分认识到人性中趋利避害的本能，并善加利用和引导，才能够更好地调动民众的力量，故而《管子·形势》又言："民利之则来，害之则去。民之从利也，如水之走下，于四方无择也。故欲来民者，先起其利，虽不召而民自至。"这里说，老百姓总是见利则喜，见害则去，正由于逐利的人性特点，所以才要以利聚之。但是管子也认识到因利而聚必会因利而散，光有"利"还远远不够，还需要以"仁"与"义"为目标制定稳定和巩固民心的政策。如此，"利义并重"成为最合理的战略出发点。只有在"利"与"义"两种作用力的合理牵引下，民众的积极性才能调动起来，民力才能被充分挖掘出来，这是齐国实现"王道"统治的重要途径和实行对外争霸的客观基础。同理，"利义并重"的战略出发点，促使齐国一方面通过"义战"和"伐不服"提升威望，另一方面，通过"利"的引导，用"奇诡"战术取得军事胜利。例如《孙子兵法》中有言："计利以听，乃为之势，以佐其外。势者，

因利而制权也。"又说："非利不动。""合于利而动，不合于利
而止。"可见孙子的战略、战术决策始终以"利"为重要标准。
他认为战事决策必须要符合我方利益，根据情势衡量利益得
失，根据利益原则制定方略，根据人性逐利的特点以利诱敌，
所谓"能使敌人自至者，利之也"。孙子军事战略中的"重利"
特征，反映了军事战争的实际性与残酷性，军事战争是以国家
利益为最高利益的社会行为，往往举全国之财力物力人力奋起
一战，因此不可能脱离对"利"的思考而作出决策，如果战争
决策真的脱离实际利益的考量，才是真正的"不仁"，是对国
家、人民的不负责任，无异于草菅人命。

2."慎战"与"重战"相统一的战争观

战争观是齐国军事思想中十分重要的一部分。不同于孔子
的"去兵"，墨家的"弭兵"，商鞅的"苦忍好战"，齐国的政
治家与军事家们一方面认识到了战争的重要性和必要性，如管
子言"君之所以尊卑，国之所以安危者，莫要于兵。故诛暴国
必以兵。兵者，外以诛暴，内以禁邪。故兵者，尊王安国之经
也，不可废也"（《管子·参患》）。孙子言："兵者，国之大事
也。死生之地，存亡之道，不可不察也"（《孙子兵法·计篇》）。
关于战争的重要性，孙子后裔孙膑亦有言："战胜，则所以在
亡国而继绝世也。战不胜，则所以削地而危社稷也。是故兵者
不可不察。"（《孙膑兵法·见威王》）可见，不论是作为政治家
的管子还是作为军事家的孙武、孙膑皆认为战争决定着君主地

位的尊卑，国家的存亡，百姓的安危，是保障君主权威和国家根本利益的重要途径。因此，齐国的战争观具有慎战和重战相统一的特色。

（1）不轻易言战，战必因"义"

春秋战国时期争霸与兼并性质的战争频发，诸国百姓苦不堪言，各国也不堪重负，都因为战争付出了惨痛代价。但是为了维护百姓的生命财产安全，不被他国欺辱和掠夺，不可否认，战争是无法替代的防御途径。因此，齐国著名军事家孙子说："兵之情，围则御，不得已则斗，过则从。"（《孙子兵法·九地篇》）又说："凡兴师十万，出征千里，百姓之费，公家之奉，日费千金；内外骚动，怠于道路，不得操事者，七十万家。相守数年，以争一日之胜，而爱爵禄百金，不知敌之情者，不仁之至也，非民之将也，非主之佐也，非胜之主也。"（《孙子兵法·用间篇》）其中，孙子明确指出了战争的负面影响：军费消耗巨大，带给国家和人民沉重的经济负担，大批农民离开土地入伍参军，造成劳动力短缺，农业生产产量下降，不能维持基本生活所需，等等。这些与人民的根本利益相悖。

管仲同样主张"慎战"。虽然他亦承认战争的客观合理性，但站在战争危害性来考虑，认为战争本质上来讲是最危险的事物之一，同时还指出"贫民、伤财，莫大于兵，危国、忧主，莫速于兵"（《管子·兵法》），意思是如果一个国家屡次陷于战争，就会劳民伤财，即使能屡次战胜，也会陷入战争泥淖，不断削弱国家实力，从而威胁到国家安全和人民利益。对于战争造成的经济危害，管子进一步言明："什一之师，什三毋事，则稼亡三之一。稼亡三之一，而非有故盖积也，则道有损瘠矣。什一之师，三年不解，非有余食也，则民有鬻子矣。"（《管子·八观》）这是说，如果十分之一的人去从军，就会有十分之三的人放弃农事，庄稼就会死亡三分之一，在没有存粮的情况下，路上就会有饿死之人；有十分之一的人三年不解除兵役，如果再没余粮支撑，人们就会卖儿卖女，换取一线生机。所以管仲认为战争尽管有其必要性，但应谨慎兴兵，防止好战。

基于以上因素的考量，齐国政治家和军事家们都认为发动战争必须谨慎，出兵必合乎义，这一点与鲁国军事思想代表儒家学派的观点基本一致。

齐国经典军事著作《司马法·仁本》认为对外作战之合理性的基本依据就是合乎"义"，并对如何判断战争是否合乎义提出了三点看法："以战止战""攻其国，爱其民""杀人安人，杀之可也"。其中"以战止战"包含两种情况，一是本国主权和利益受到侵犯，无奈发动的自卫反击战。二是为了制止其他国家之间不符合"仁义"标准的兼并战争而予以军事救援。很明显，这两种战争都是以"止战"为目的的"义战"。"攻其国，爱其民"是指一旦获取胜利，要本于"仁爱"原则对待敌国之民，不能妄加屠戮，大肆掠夺。"杀人安人，杀之可也"的意思是为了保障民众的安全杀掉坏人也是可以的。由此可见，《司马法》所论的"义战"关爱的是天下苍生，不能限于自己的国家，不仅要"爱吾民"还要"爱其民"，不仅要维护"一国秩序"还要维护"天下秩序"，体现出强烈的天下意识。

对于战争的正义性问题，晏子也指出仁德贤明的君主应当"不侵大国之地，不耗小国之民，故诸侯皆欲其尊；不劫人以兵甲，不威人以众强，故天下皆欲其强"（《晏子春秋·内篇问上》）。晏婴认为只有不恃强凌弱侵犯他国利益，诸侯国才会心甘情愿的尊重他、依附他，就会"海内归之若流水"。反之，一个国家依仗自己的强大侵犯掠夺小国的百姓，那么就会遭受其他国家同仇敌忾的征讨，不会有国家愿意帮助他。这一观点在《晏子春秋》中反复出现，例如"地博不兼小，兵强不劫弱"（《晏子春秋·内篇问下》），又说"不以威强退人之君，不以众强兼人之地"（《晏子春秋·内篇问下》）。

依据道德标准，《管子》也对战争的正义性标准进行了讨论，认为"兵"分为正义与非正义两类。其中"义兵"即正义的军队或有以下特征：一是"按强助弱，圉暴止贪，存亡定危"（《管子·霸言》），二是"非地是求也，罚人是君也。立义而加之以胜，至威而实之以德，守之而后修"（《管子·幼官》）。不义之兵，常指"贪于地"，"不竞于德而竞于兵"的军队。《管子》认为，"义兵"的作战原则是锄强扶弱、禁暴止贪，不以侵占他国土地为目的，立威以德、胜之以义、以守谋攻，"不义之兵"则相反，进一步地，管子还认为战争正义性关乎最终胜负，行义战，方可立于不败之地，如《管子·七法》曰："成功立事，必顺于礼义。故不礼不胜天下，不义不胜人。故贤智之君必立于胜地，故王天下而莫之敢御也。"这是说想要获得战争胜利要"不竞于兵"而"竞于德"，要"举之必义"，要用正义之战征讨不义之国，以实现"有义胜无义"这一目标。

这一观点与担任过齐国祭酒的荀子有相通之处，据《荀子·议兵》所载：

> 彼仁者爱人，爱人，故恶人之害之也。义者循理，循理，故恶人之乱之也。彼兵者，所以禁暴除害也，非争夺也。故仁人之兵，所存者神，所过者化，若时雨之降，莫不说喜。

荀子指出，"义兵"如春风化雨，使人如沐春风、争相归附，能够做到兵不血刃。作为儒家学派代表性人物，荀子继承了孔孟的仁爱思想，在他的思想中，征战的出发点是有利于人民的，即正义之兵，正义之兵发起的必然是正义之战，因而能使"近者亲其善，远方慕其德，兵不血刃，远迩来服"（《荀子·议兵》），这种征战取得胜利是迟早的结果。

正是因为对战争性质有了客观辩证的认识，齐国的军事思想家将人本主义思想纳入军事战争的考量中，既不过分崇尚武力，也不执着于批判军事战争的危害，而是形成了慎战思想，即摒弃了穷兵黩武的传统军事思想，选择虽不爱好战争，却十分重视战争的慎战思想。而事实上，齐国在实际行动中也贯彻了这一主张。比如在历史上，齐国同宋、陈等国会盟于北杏，齐国作为主导国，带头不带兵车，使这次会盟变成"衣裳之会"。汉代以来，中国的军事思想对慎战理念的承继是非常明显的。历史的经验告诉我们，中国秉持的是"强不执弱，富不侮贫"的理念，这一理念根植于中国人的文化基因中，令中国始终沿着和平道路不停前行。如有学者指出："梳理中国历史上的盛世可以发现，王天下所成就的功业可久可大，而霸天下的功业虽可大但不可久。"[①] 正因为如此，中国自古爱好和平，并渐渐成为推动世界和平的重要力量，如和平共处五项基本原则的提出，以及在处理非常可能引起区域动荡的问题时，中国始终本着和平思想与原则。这些无一内含着齐兵学慎战思想的主旨意蕴。

（2）重战——利与义的权衡

虽然齐国的主流战争观秉持着慎战的原则，但是基于平衡"利""义"的出发点，齐国的政治家、军事家及思想家们更多的是考虑如何全面备战，防患于未然。综合来看，主要有四个方面：

经济发展

齐国历来重视经济发展，其经济政策也是以实现王霸天下为目标，幸运的是齐国因其独特的经济地理优势，农业、渔

---

① 刘余莉：《怎样理解中华文明的五个突出特性》，《北京日报》2023 年 10 月 23 日。

业、盐业、矿业发展基础较好，良好的经济基础和充足的粮草又是取得战争胜利的物质保障。《孙膑兵法·强兵》中记载了齐威王与孙膑的一段对话，齐威王说："齐国的许多学士都教给我强兵的方法，但是每个人都教得不一样，有让我重视粮食生产的，有让我以静制动的，有让我加强练兵的。"孙膑说："这些都不是迅速强兵的途径。"齐威王问："那什么才是强兵的主要途径呢？"孙膑说："富国。"孙膑认为只有富国才能整体提升国家实力。虽然孙膑并没有展开讨论如何实现"富国"，但是《管子》和《晏子春秋》从农业生产、商业发展、厉行节俭三个方面进行了系统的论述。

一是齐国重视农业生产。《管子·轻重》明确提出"天子籍于币，诸侯籍于食"，又说"粟者，王之本事也。人主之大务，有人之途，治国之道也。"（《管子·治国》）认为粮食储备往往决定诸侯国的存亡。必然的，农业生产与军事有密切联系。农业生产为战争提供粮食保障，"甲兵之本，必先于田宅"（《管子·侈靡》）。粮草作为重要后勤补给，对于战争局势有重要影响，所谓"兵马未动，粮草先行"。一国的粮食储备量，不仅直接关系到民生问题，而且往往决定了国家在军事战争中能否立于不败之地。故此，《管子》另言："地之守在城，城之守在兵，兵之守在人，人之守在粟。""粟"即代表粮食生产，就是重视军事战争的物质基础。粮食充足，打仗时就会没有后顾之忧。在当时，一个国家的农业生产水平越高，国家内部就相对稳定，这是成就王霸之业的必要物质保障。

二是积极发展盐、铁等工商业。《管子》从人性角度分析，要用利益来引导民众，要通过完善市场交易规则、适时调整税收政策等种种手段来刺激工商业发展，为国家积累财富。通过部分垄断盐、铁等高利润产品的开发与买卖权利，一方面能增加国家税收，另一方面，铁是制造战争兵器、农耕器具的重要材料，将铁矿开采权利收归国有，可以确保铁矿的合理利用，保障兵器的制造数量，从而有效防止内乱发生。齐国通过加强国家对经济发展的控制，客观上提高了战争造成的经济风险的能力。

三是厉行节约，避免浪费。开源固然十分重要，但是对于物质财富的积累来讲，节流也同样重要。对此，《管子》提出："国侈则用费，用费则民贫，民贫则奸智生，奸智生则邪巧作。故奸邪之所生，生于匮不足；匮不足之所生，生于侈；侈之所生，生于毋度。故曰，审度量，节衣服，俭财用，禁侈泰，为国之急也。"（《管子·八观》）国家耗用奢侈则人民贫困，人民贫困则会出现奸诈之事，从而不利于社会的和谐安定，这都是因为国家花费无度。因此国家要提倡节俭，这正是国事之所急。

人才拔擢

春秋战国战事频发，各国为了谋求霸主地位，极尽所能招揽有才之士。齐国也十分重视人才的选拔，管子是这一观点的积极倡导者。《管子·制分》提出"凡兵之所以先争，圣人贤士"，将招揽贤士能人作为获得战争胜利的必备条件，甚至将尊贤作为赢得民众支持、成就帝业的重要手段，如《管子》所言："常至命，尊贤授德，则帝。身仁行义，服忠用信，则王。审谋章礼，选士利械，则霸。定生处死，谨贤修伍，则众。"（《管子·幼官》）此外，《管子》还指出："其君如明而非明，其将如贤而非贤，其人如耕而非耕也，三守既失，国非其国也。"（《管子·霸言》）这段话反映出齐国政治思想家意识到了国君、将领、民众是国家得以有效治理的三个重要方面。君主不名则国政不治，兵将不贤则兵威不正，其人不耕则土地不收，如此将走向灭亡。因此，招揽人才是争取战争胜利的必要基础之一。

伟大的军事家孙武当然也清楚地明白良将在战争中的作用，对此他说："夫将者，国之辅也。辅周则国必强。辅隙则国必弱。"（《孙子兵法·谋攻篇》）将帅指挥的战争关系着国家的存亡、民族的命运，将帅是国家的辅佐之臣，其辅佐周密到位，则国家必定强盛；其辅佐存在间隙漏洞，则国家必定衰弱。那么国家所需的军事人才应该具备什么样的基本素质呢？关于这点，《孙子兵法》给出了明确答案，认为良将应具备"智、信、仁、勇、严"五德，所谓"将者，智、信、仁、勇、严也。"其中"智"，指要有敏锐洞察力和分析判断能力以随时在复杂的作战环境中作出准确判断；"信"，指要言行一致，言出必行，赏罚有信；"仁"，指要关心爱护士卒，体恤人民；"勇"，指要临危不惧，果敢坚毅，必要的时候身先士卒；"严"，指严明军纪、令行禁止。孙武所主张的"五德"是历代选拔将帅的标准。比如《六韬》中也谈到了"五材并举"的将帅论，认为将帅必须具备"勇、智、仁、信、忠"五种才德："勇则不可犯，智则不可乱，仁则爱人，信则不欺，忠则无二心。"(《六韬·龙韬·论将》)可见不论是五德还是五才，整体要求的差别并不大，都体现出齐兵家将战争的成败与将帅的综合素质紧密联系起来，认为要想建立一支训练有素的军队必须经过高素质将领的严格训练。除此以外，孙武还探讨了五种容易使将领决策失误的不良心态，称之为"五危"：一危，"必死，可杀也"，指一味死拼的状态，不知灵活变通，就会被敌方所杀；二危，"必生，可虏也"，指贪生怕死，临危而惧，就容易被敌方俘虏；三危，"忿速，可侮也"，指急于求成、急躁易怒的状态下，不能冷静思考就可能作出错误的判断而受敌人的欺侮；四危，"廉洁，可辱也"，指过分地在乎自己的名声与自尊，如此会被敌人利用这一弱点，反易招致侮辱；五危，"爱民，可烦也"，指过分顾及民众的利益，往往会贻误战机反而使我军陷入危险境地。其实，这五种危险心理状态如果不是在战场上，都不能看作是缺点，孙武之所以指出"五危"，是警示将领要懂得权变，把握适中的"度"，善于灵活机动地分析处理问题。

如何吸引人才呢？《管子·霸言》提出，首先要做到礼贤下士，所谓"圣王卑礼以天下之贤而王之"，只有君主谦卑有礼地对待德才兼备之士，才能使天下贤才慕名而来臣服于圣主。其次应该广纳谏言，不偏私。如《管子·牧民》有言："毋曰不同生，远者不听。毋曰不同乡，远者不行。毋曰不同国，远者不从。如地如天，何私何亲。"又言："凡诸侯之臣有谏其君而善者，以玺问之，以信其言。"（《管子·八观》）管子认为，要如天地公平对待万物一样，没有私心地广泛听取贤士的建议，不因异姓、异乡、异国排斥别人的合理意见。另一位齐国名相晏婴也说："听赁贤者，能威诸侯；安仁义而乐利世者，能服天下。"（《晏子春秋·内篇问上》）有一次，景公曾问晏婴如何才能"善治齐国之政，以干霸王之诸侯"，晏婴借孔子与齐景公的问对，解释了征贤的重要性，并指出："先君能以人之长续其短，以人之厚补其薄，是以辞令穷远而不逆，兵加于有罪而不顿，是故诸侯朝其德，而天子致其胙"（《晏子春秋·内篇问上》），认为虚心听取贤士的意见能够弥补自身之不足，有助于全面思考和分析问题，以便作出准确的政治判断。

军事训练

先秦兵家普遍重视军队的教育和训练，对于训练士兵的重要性，齐兵家也有明确的认知，如《司马法·天子之义》说："士不先教，不可用也。"对此《管子》也提出："器盖天下，而士不盖天下，不能正天下。"（《管子·七法》）训练是齐国备战主张中非常重要的环节，即使粮草充足、装备精良，如果缺少训练有素的士兵，也无法称王称霸于诸侯之间。《管子》中还提出，假如将领率领尚未经过严格训练的士兵打仗，就如同残疾人无法指挥自己的身体一样指挥不动士兵按其指令行事，所谓"将徒人，与残者同实"（《管子·兵法》），即是如此。

为此，齐国军事家们提出了系统的军事训练方案。

首先，要重视士兵的选拔。兵圣孙武的后代孙膑在《篡卒》中提出了"兵之胜在篡卒"的看法，《司马法》也有类似的观点，认为军事训练是强兵的重大课题，也是克敌制胜的重要保障，圣明的君主，不会让未经训练的士卒作战，所谓"故虽有明君，士不先教，不可用也"（《司马法·天子之义》）。《管子》也明确地指出"定选士，胜"（《管子·幼官》）。

其次，系统而细致地进行训练。《管子·幼官》中记载了军事训练详细内容："动慎十号，明审九章，饰习十器，善习五教，谨修三官。"其中"十号"是指军队号角发出以不同音律为代表的指令，"九章"是以不同颜色的军旗指代的各种命令，"十器"是指各类兵器装备的使用方法，"五教"是指对士兵的眼、耳、足、手、心五个方面做出针对性训练，"三官"是指鼓、金、旗三种指挥工具。

最后，必要的道德礼制的教育。如《司马法》认为要做到"以礼为固，以仁为胜"，将仁、义、礼、智、信、忠、勇作为士兵的重要教育内容，使他们都能有较高的道义观，心甘情愿地为国而战、为民而战，具有视死如归、舍生取义的精神。

武器装备

充足且先进的军事武器也是制胜的关键之一。《管子·兵法》有言："器成教施，追亡逐遁若飘风，击刺若雷电。绝地不守，恃固不拔。中处而无敌，令行而不留，器成教施，散之无方，聚之不可计，教器备利，进退若雷电，而无所疑匮。"

这里指训练有素的士兵加上先进精良的武器装备就可以所向披靡、战无不胜。重视武器装备的观点在《六韬》中则表述为"器械为宝"的思想。《六韬》认为"凡帅师将众，虑不先设，器械不备；教不素信，士卒不习。若此，不可以为王者之兵也。"意思是征战之前要积极准备好军事武器，训练好民兵士卒，如此才能克敌制胜。

《管子》对人器俱重的兵学思想做出了进一步阐释："选天下之豪杰，致天下之精材，来天下之良工，则战胜之器矣。"（《管子·小问》）针对齐桓公所询问的关于如何获得战争胜利的问题，管仲提出通过征选有志之士，搜集精良材料，招揽能工巧匠，锻造先进武器。不仅如此，《管子》还指明了士兵与兵器之间的关系，即工欲善其事必先利其器，优秀的士兵配备精良的武器，才能事半功倍，反之则会事倍功半，所谓"有人而无甲，兵而无食，谓之与祸居"。另《七法》又言："器械功则伐而不费"，因此要强兵、治民、正天下就必须重视武器装备。另一方面，《管子》还指出精良的装备也有利于强化士兵的必胜信心，即"器成卒选，则士知胜矣"（《管子·七法》）。

《司马法》根据从客观实际出发的原则认为要根据敌军装备情况和我方阵型选择装备长、短、轻、重合适的武器，以使武器在作战中发挥其最优效应，所谓"兵不杂则不利，长兵以卫，短兵以守。太长则难犯，太短则不及；太轻则锐，锐则易乱；太重则钝，钝则不济。"（《司马法·天子之义》）其中"杂"

是指兵器按长短、锐钝、轻重划分不同的功能，因此要有效合理地进行配置，从而使整个军队的兵器配置达到最优化，才能更好地发挥武器装备的功能，最大发挥战斗力。

（三）礼法并行的治军思想

不同于鲁国尚"礼"的治军思想，齐国军事家、政治家多主张采取"礼法并行""礼法兼用"的治军思想。

1. 原礼求仁

齐国主张实施"礼法并行"的治军思想，然而这一思想的形成并非一蹴而就的。在春秋时期，齐国实际上如鲁国一样，以"尚礼治军"为特色。荀子认为："礼者，治辨之极也，强固之本也，威行之道也，功名之总也，王公由之所以得天下也，不由所以陨社稷也。"（《荀子·议兵》）荀子作为儒家学派的代表，一直以来极力倡导以礼治国，在《议兵》篇中，更是认为应该将礼制落实在治军思想中，将礼制推置于强国之本、威行之道、功名之总的地位。这一治军思想早有思想渊源，在齐国早期的兵学思想中早有反映。

最典型的如《司马法》中所论。今本《司马法》大体是春秋时期军事将领用来学习的一部法典性兵学著作，大致成书于齐威王时期，其主要内容包括古书《司马法》和少量的齐国军事家司马穰苴的兵学著述，以及他对《司马法》的诠释与解读。

除了"不加丧，不因凶""成列而鼓，是以明其信也"等鲁国史料中也同样记载的军事礼制外，《司马法》还记载了"服而舍人"这一军礼原则。春秋中期以前的诸侯战争，多数追求的是征服其他国家，即不要求土地兼并，只要使其顺服即可。也就是说春秋中期以前的战争之目的往往是通过武力威慑，树立自己的威望，使其他诸侯臣服，一旦目的达到便停止进攻，不会进行土地兼并和过分的杀戮。

黄朴民等指出："《司马法》一书中的有关论述，是对春秋中期以前的军事训练、兴师程序、誓师仪式、献捷凯旋以及战术运用等各个方面的军事活动如实的反映。"[①] 整体看来，《司马法》的整体特色可以归纳为"尚礼"。

在军事训练方面，《司马法》在强调训练重要性的同时，更凸显了顺应四时的礼制思想。考察《司马法》所论述的训练内容，主要是"春搜秋狝"以及"诸侯春振旅，秋治兵"等。这恰恰与《管子》中的《幼官》《五行》篇中的军事训练和狩猎时间基本一致。另外《左传·隐公五年》也有载："春搜，夏苗，秋狝，冬狩，皆于农隙以讲事也。三年而治兵，入而振旅，归而饮至，以数军实。"可以看出这种军事训练和演习，通常在农闲时以田猎的方式进行，反映出顺应天地规律的行为导向。对此，《荀子·议兵》中也有言："故凝士以礼，凝民以政；礼修而士服，政平而民安；士服民安，夫是之谓大凝。"

---

① 黄朴民、徐勇：《〈司马法〉考论》，《管子学刊》1992 年第 4 期。

以"礼"凝聚士兵的心，士兵会发自肺腑的忠于君主、忠于国家。

关于战争前的礼制程序，《司马法·仁本篇》生动地描绘了具体过程：

> 其有失命乱常、背德逆天之时，而危有功之君，遍告于诸侯，彰明有罪，乃告于皇天上帝日月星辰，祷于后土四海神祇山川冢社。乃造于先王，然后冢宰征师于诸侯曰：某国为不道，征之。以某年月日师至于某国，会天于正刑。

《司马法》中的这段话是对三代出军礼制的较为详细的描写。其中的内容与《国语》《周礼》《尚书》相互印证。《国语·晋语》中记载了赵宣子请师伐宋的故事：赵宣子了解到宋人杀掉了他们的君主，于是召集其他诸侯，兴师伐宋。可见《司马法》中提到"冢宰征师于诸侯"并非扭曲史实。而像《司马法》中关于战前和战后仪式的描述，通过把《司马法》中的有关内容与《尚书》《周礼》等相关篇章进行对比研究后，会发现三部文献中反映出的春秋早期战争活动和礼制形式的一致性。如《司马法·天子之义》和《周礼·大司马》在描述凯旋场景时都有演奏乐曲、祭祀献礼的环节。

对于战场纪律，《司马法》中集中体现了早期军事活动的"尚礼"特色，如《仁本》中有载："入罪人之地，无暴圣祇，无行田猎，无毁土功，无燔墙屋，无伐林木，无取六畜、禾黍、器械。"这与《尚书》中的记载十分相似，《尚书·费誓》就有这样一段话：

> 无敢伤牿，牿之伤，汝则有常刑；马牛其风，臣妾逋逃，勿敢越逐，祗复之，我商赉汝。乃越逐不复，汝则有常刑！无敢寇攘，逾垣墙，窃牛马，诱臣妾，汝则有常刑！

可见《司马法》与《尚书》中都对征战纪律有明确要求，即不毁坏宗庙、不践踏百姓田地、不毁坏基础建筑、不侵害百姓财产等，蕴含着民本思想的意蕴。

在作战方式方面，《司马法》主张"军旅以舒为主"，强调"逐奔不过百步，纵绥不过三舍"，这一作战方式在《尚书》中也有类似的记载："今日之事，不愆于六步、七步，乃止，齐焉。"（《尚书·牧誓》）即规定保持军容整齐，这样就需要频繁整顿队形。这种死板的作战方式大大降低了军事作战效率，拖慢了部队的前进速度。另外，对于追逐溃败的敌军居然也只是"逐奔不远"，不超"百步"，不过"三舍"，足见早期战争对"礼"的重视。

可以说，《司马法》对春秋中期以前的战争形式及特点做了较为系统的记录与论述，凸显出春秋早期军事作战理念——"尚礼"，是我们了解中国古代军事思想嬗变过程的重要资料。

2. 以法立威——审定军法，赏罚明晰

春秋中后期，礼崩乐坏的局面越来越严重，"礼"已经无法抑制强大诸侯国国君的兼并欲望，不义之战的发动频率越来越高，战争攻守也不再完全依照作战礼制。这种情况下，各国军队不断扩充，如何管理军队，提高作战能力，维护本国根本利益，是军事家和政治家们的重要课题。法家作为先秦百家中的重要学派，其"以法为本"的治国主张对当时的政治改革产生了巨大的影响。法家从现实出发，提出了符合统治需求的一系列改革措施，并在多国发起变法运动，受到统治者的信任和支持。法家掀起的"以法治国"的思想风气影响了军事领域。治国与治军虽是不同的领域，但是组织管理事务都占有相当重要的地位。齐国的稷下学宫作为诸子百家的学术殿堂，推动了齐兵家与齐法家的交流与沟通，使兵家借鉴法家的治国思想进行了军事治理改革。推行了"严明法令，信赏必罚"的治理政策。

齐国的兵员相对充足，面对数以万计的士兵，采用何种方式训练他们，制定何种条律约束他们的行为就成为军事将领们亟待解决的问题。制定明晰的军纪军法，实行以法治军，对战士们的功过予以赏罚是必然趋势。齐国十分重视法令的执行。《管子·兵法》有言："战而必胜者，法度审也。"又有："因其民，则号制有发也。教器备利，则有制也。法度审，则有守也。计数得，则有明也。"可以看出，《管子》将军法的有效贯彻作为

制胜关键。《六韬》中也认为"为国之大失，作而不法法，国君不悟，是为大失也。"这里是说君主应当依法治国，如果领悟不到这一点即是"失道"，"法"即"道"，以此来看，依法治军也具有相当的必要性。

关于法的作用，《管子·七臣七主》中讲到："夫法者，所以兴功惧暴也"，即"法"乃是赏有功、罚有罪的工具。在《孙子兵法》中也对军法的内容做了阐释，"法者，曲制、官道、主用也"，简单地说孙子认为"法"就是军队组织规则、等级制度、后勤安排等既定管理制度。孙子在此是站在军队管理的角度去诠释"法"的含义。可见兵家的法，侧重指军队中的命令、管理制度，也就是规范和约束军队行动的纲领性指南，这关系到战争中能否令行禁止，在一定程度上可以决定战争成败，所以兵家十分重视军队制度，或说"军法"。

"法"被作为获取战争胜利的极为重要的因素之一，并且法令的执行度也是孙子战前必须要考量的"七事"之一。在军队，法令作为一种约束力，其主要的体现就是有功则赏，有过则罚。赏与罚实际上是建立在人性趋利避害基础上，以奖赏的方式激励大家建立军功，以惩罚的手段警示士兵严守军纪军规，维护军队的内部秩序，调动将士的作战积极性。诚如《管子》中所言"劝之以庆赏，振之以刑罚"（《管子·权修》），又如《六韬》中所说："赏所以存劝，罚所以示惩"。

究竟如何贯彻"军法"的奖惩作用呢？

第一步是让士兵明晓军法。依法治军的前提是颁布相关政令让士兵们普遍熟知军法内容，制度条例。所谓"凡将举事，令必先出。曰事将为，其赏罚之数，必先明之"。只有赏罚制度明晰人们才不会存在侥幸心理，有了明确的赏罚制度士兵就不敢随意逃跑，不敢虚报军功，才会全力以赴以谋求建功立业，此即所谓"赏罚明，则人不幸，人不幸，则勇士劝之。"（《管子·七法》）

第二步需要做到赏罚必信。《管子》中言："赏罚不信，民无廉耻，而求百姓之安难，兵士之死节，不可得也。"（《管子·权修》）如果赏罚无信，军法制约士兵效果就会消失，士兵不再受军法制约就会寡廉鲜耻，百姓就会遭殃，士兵也不会披肝沥胆为国家浴血奋战。故《管子·七法》言："言是而不能立，言非而不能废；有功而不能赏，有罪而不能诛，若是而能治民者，未之有也。"然而要做到"信"，至少有两个标准。一是不论是奖赏还是惩罚，一定要严格按照军法规定的条例如实奖赏或惩罚，即有理有据。二是需要统帅言必信，行必果，承诺的奖励要兑现，下达的惩罚命令也要完成。如《孙子兵法》中所言"故合之以文，齐之以武，是谓必取。令素行以教其民，则民服；令素不行以教其民，则民不服。令素行者，与众相得也。"（《孙子兵法·行军篇》）孙子指出不论是奖励还是惩罚，都要令出必行，只有令出必行才能使士兵信服，军法才能得到贯彻。对于那些立有战功的士兵，要施行超出惯例、打破常规的奖赏，即"施无法之赏"以此调动士兵的积极性。做到这两点才能树立起军法的威信，树立起统帅的威信，此即所谓"正法直度，罪杀不赦，杀僇必信，民畏而惧。"

第三步要做到赏罚公正，不偏私。奖赏多少、惩罚轻重不以亲疏远近来施行，否则就无法令众人信服，如《六韬逸文》中言："不以私善害公法，赏赐不加于无功，刑罚不施于无罪；不因喜以赏，不因怒以诛。"这里明确提出不能因自己的私心赏赐无功之人，施刑于无罪之人，更不能因一时高兴就大加封赏，一时恼怒而诛杀他人。《孙子兵法》中也有类似观点："卒未亲附而罚之，则不服，不服则难用也；卒已亲附而罚不行，则不可用也。"孙子认为，如果因为一个士卒不亲附统帅就惩罚他，他不会心服口服，如果因为一个士卒亲附于统帅，等他犯了错不惩罚他，那么这个人也不可用。值得注意的是，《六韬》中还体现出赏信罚贵的观点，"凡用赏者贵小，用罚者贵大。"（《六韬·文韬·赏罚》）"杀贵大，赏贵小。杀及当路贵重之臣，是刑上极也；赏及牛竖、马洗厩养之徒，是赏下通也。刑上极、赏下通，是将威之所行也。"（《六韬·龙韬·将威》）仔细分析下来在《六韬》的论述中，"罚者贵大"反映出的是法不阿贵的基本思想，"赏者贵小"体现的则是赏及庶民的原则。春秋战国时期军队是由贵族阶层和普通民众组成的，《六韬》的这一奖惩原则，提供了公平竞争的场域，能够最大限度地调动士兵的积极性。

整体来看，齐兵家核心军事思想就是主张严明军法、明晰赏罚标准来严格管理军队。这一思想特征被孙子后来的军事家继承而越来越重视军法的作用，对这一思想的理解也越来越系统和深化。齐兵家是根据春秋战国时期的战争实际最早系统地提出以法治军思想的。

（四）仁道与诡道的统一——灵活辩证的战争策略

齐国军事战争策略是齐兵家吸收了儒家仁爱思想并结合长久军事战争经验的基础上发展起来的，既包含了人道主义精神又具有灵活辩证的思想特点。

1.齐国军事策略的仁道精神

齐国军事思想的仁道精神，集中体现在"不战而屈人之兵"的全胜思想。"不战而屈人之兵"出自《孙子兵法》"故善用兵者，屈人之兵而非战也，拔人之城而非攻也，毁人之国而非久也，必以全争于天下，故兵不顿而利可全，此谋攻之法也"，指借非军事手段，达到制服对方的目的。这一思想基于孙子的"全胜论"。《孙子兵法·谋攻篇》有言："凡用兵之法，全国为上，破国次之；全军为上，破军次之；全旅为上，破旅次之；全卒为上，破卒次之；全伍为上，破伍次之。"全胜理论实际上就是"不战而屈人之兵"的概念诠释。对于战胜的几种境界，孙子谈到："故上兵伐谋，其次伐交，其次伐兵，其下攻城。攻城之法，为不得已。"从这里来看，孙子所谓"不战而屈人之兵"不是否定"战"的重要作用，也不是不"战"，相反，孙子认为国家间的"战争"无处不在，不仅限于战场上的争斗，还包含了外交、经济博弈等没有硝烟的战争。在孙子看来，外交、经济方面的博弈是最有效率、损耗最低的战争形式。

孙子全胜理论还主张要依靠国家的政治、经济、军事谋略等综合国力水平，从而通过"威慑"的方式让敌人屈服。

在诸侯国征战不断的时代，如果想不被吞并，必须要有强大军事实力作后盾。然而由于当时军队的攻城作战技巧及粮草补给能力的水平较低，攻城效果往往不如野外作战，而野外作战又不若"不战而屈人之兵"的成效。因此孙子"不战而屈人之兵"的"全胜"思想体现了中国古代对于战争的一种理想追求，即希望能够在不消耗大量资源和人力的情况下，通过智慧和策略赢得胜利。

无独有偶，《六韬》也提出了"文伐"的概念。与孙子上兵伐谋的理论相似，《六韬》也十分推崇用非战争手段获取胜利。《六韬》有言："故善战者，不待张军；善除患者，理于未生；善胜敌者，胜于无形；上战无与战。"这里与孙子"不战而屈人之兵"有异曲同工之妙。区别之处在于，"不待张军""理于未生""胜于无形"的主张还体现了防患于未然的忧患意识。显然《六韬》认为战争是不得已才用的一种对抗手段，而"文伐"是比攻取杀伐更好的手段。通俗地讲，"文伐"是用计策使敌人自己溃败，而不是通过短兵相接的直接对战形式。《六韬》中还具体阐述了"文伐"十二法。概括来讲是指捧杀敌军主将或君主、以名利诱惑敌军奸臣与重臣、离间敌国忠臣、利用敌国党争等方式获得胜利。《六韬》"文伐"思想从根本上说与《孙子兵法》的伐谋、伐交的出发点与方式是基本一样的，即做到"全胜不斗，大兵无创"，在无形中制胜，在不战中胜敌，我们或可称其为一种战争艺术。

齐兵家"不战而屈人之兵"理论对中国乃至世界兵家的影响极为深远。这些理论不仅关注如何通过军事手段取得胜利，还探讨了如何在和平时期利用各种手段来实现国家和个人的目标。不战而屈人之兵的全胜思想是一种追求通过策略和智谋实现战争胜利的理念，它在历史和现代都具有重要的理论和实践价值。

2. 齐军事战略思想中的诡道思想

商周时期，在战场普遍崇尚和遵守军礼，讲求诚信，最典型的表现是不随意攻击未成列的敌军。春秋时期，礼乐制度遭到严重破坏，在军事上的直接体现就是"尚礼"观念逐渐被抛弃，而奇诡的策略却被普遍应用。孙子敏锐地洞察战争之核心特性与本质，发明军事诡道思想。其诡道论在《孙子兵法》中系统地展现出来，《计篇》中有言：

> 兵者，诡道也。故能而示之不能，用而示之不用，近而示之远，远而示之近。利而诱之，乱而取之，实而备之，强而避之，怒而挠之，卑而骄之，佚而劳之，亲而离之，攻其无备，出其不意。

孙子对"诡道"的核心观点作出诠释，指出用兵要讲求变化。能打，装作不能打；要打，装作不想打；要攻击近处，却要装作要攻击远处；要打远处，反而要装作攻打近处。给敌人以小利，去引诱它；迫使敌人混乱，然后攻取它。敌人力量充实，就要防备它；敌人兵力强大，就要避免决战。用挑衅的方法去激怒敌人，使其失去理智；用谦卑的言辞表示自己的弱小，使敌人骄傲。敌人休整得好，要搅得它不得安生，使其疲劳；敌人内部和睦，要设法离间它。攻击敌人没有防备的地方，采取出乎敌人意料的行动。可以说，孙子的军事战略计谋概括为"诡"字，所谓"诡"，即依据战场上瞬息万变的局势因时、因势、因变地作出军事战略部署或调整，无规律、无章法可依循。由于无规律可循，孙子往往具体问题具体分析，多方面诠释如何"因变而战"。

（1）军事速胜论

孙子认为，战争应速战速决，所谓"兵贵神速"。《孙子兵法·作战篇》中言："故兵闻拙速，未睹巧之久也。夫兵久而国利者，未之有也。故不尽知用兵之害者，则不能尽知用兵之利也。"由此可见，孙子以军事战略思想为出发点，强调速战速决的重要性。战争往往会消耗大量的财力、物力与人力，长久陷于战争泥淖，将拖垮一支部队，甚至整个国家。因此孙子强调主动进攻速战速决以掌握战争之先机，用最短时间获取胜利，防止对方采取拖延战术而徒耗民财无所获。对于如何取胜，《孙子兵法·九地篇》说："兵之情主速，乘人之不及，由不虞之道，攻其所不戒也。"简而言之八个字——"出其不意，攻其不备"，具体来说要配合突袭战、深入战，一举击溃敌军。

（2）军事形势论

孙子的"形势论"有两层意思：一是因循战形战势制定军事策略，二是依照自然条件制定军事策略。

就第一层含义而言，"形"就是军事配备，如人力、物力、财力、阵形配备等基本状况，是外在呈现出来的情态；"势"就是战争中的实力发挥效果和威势，包括气势和军事意图。"示形"就是展示或隐藏军事部署、军事实力，"任势"指的是依据战争有利情势充分发挥阵形或部署的力量。在"形势论"中孙子还非常强调对战时要示敌以"假形"以迷惑敌人，目的是隐己之"真形"，使敌人暴露自己真正的战略部署，从而出其不意，攻其不备，正所谓"故形人而我无形"，孙子认为最高明的战略部署在于"无形"，故言"故形兵之极，至于无形。"其中"无形"就是"无常形"，指我军要随战场情势而变化其形，以战略部署之无穷变化应对战场瞬息万变之局势。诚如《孙子兵法·虚实篇》中所言：

> 无形则深间不能窥，智者不能谋。因形而措胜于众，众不能知。人皆知我所以胜之形，而莫知吾所以制胜之形，故其战胜不复，而应形于无穷。

对于"势"与"节"的关系，孙子指出要根据"势"，即依据军队力量的发挥情况，来掌握"节"，即对战节奏，故《孙子兵法·势篇》中谈到："激水之疾，至于漂石者，势也；鸷鸟之疾，至于毁折者，节也。故善战者，其势险，其节短。"这里是说当军队气势如虹时，不要轻易节制队伍进攻节奏，好比雄鹰俯冲进攻时如果强行停止，则会折毁翅膀。如果情势不利，则要快节奏进攻再撤退，扰乱敌人节奏。

那么"任势"的核心要义是什么呢?《孙子兵法·势篇》中谈到：

> 故善战者，求之于势，不责于人，故能择人而任势。任势者，其战人也，如转木石。木石之性，安则静，危则动，方则止，圆则行。故善战人之势，如转圆石于千仞之山者，势也。

"任势"的核心就是"任人"，也就是选择对的人干对的事。就好比木材与石块各有其特性，木材、石块坚硬度不一样，却可以根据需求变换其形态。用人也是一样，挑选合适的人担任适合他的任务，就是"任势"的核心要义。

就形势论的第二层意义而言，战争策略要根据地形地势、天气变化适时调整。《孙子兵法》涉及这一观点的篇章有很多。如《行军篇》《地形篇》《九地篇》。《行军篇》中有言："凡处军相敌：绝山依谷，视生处高，战隆无登，此处山之军也。绝水必远水；客绝水而来，勿迎之于水内，令半济而击之，利；

欲战者，无附于水而迎客；视生处高，无迎水流，此处水上之军也。绝斥泽，惟亟去无留；若交军于斥泽之中，必依水草而背众树，此处斥泽之军也。平陆处易，而右背高，前死后生，此处平陆之军也。"孙子阐述了在山、水、泽、陆四种地形驻军或宿营应该采取的不同方式。此外《行军篇》还介绍了如何根据不同的自然环境设置陷阱、隐蔽伏击等策略和如何根据自然状况判断敌方虚实用兵之策。《地形篇》中则讲到行军路况的六种分类："有通者，有挂者，有支者，有隘者，有险者，有远者。"将领要根据行军路况提前做好抵御和进攻策略。《九地篇》中则细说了"散地、轻地、争地、交地、衢地、重地、圮地、围地、死地"九种综合形势下的用兵之法，即："圮地无舍，衢地合交，绝地无留，围地则谋，死地则战……将不通九变之利，虽知地形，不能得地之利矣。"这是我国军事史上最早的军事地理学理论。

（3）军事奇正论

奇与正是辩证统一的对偶范畴。最早将这对概念运用于军事思想的是《道德经》，《道德经·第五十七章》有言"以正治国，以奇用兵"。

"奇正"理念贯彻于军事思想，其实就是将辩证思维运用于军事策略的考量与决策中，包括攻守、虚实、进退、主次、明暗、分合等。由此可见，孙子借鉴吸收了老子所重视的辩证思想，并将此充分运用于他的军事理论建构中更加以发挥。如《孙子兵法·兵势篇》有言："凡战者，以正合，以奇胜，故善出奇者，无穷如天地，不竭如江河。"如何解读"正"与"奇"呢？现代学者解读为军队作战的变法与常法，其含义甚广，如："先出为正，后出为奇，正面为正，侧翼为奇，明战为正，暗攻为奇。"[①] 我们可以从三个层面解读这句话：第一，"先出为正，后出为奇"指古代作战，以"阵"战为基本形式，方阵本身的方、圆、曲、直、锐各种队形的变化就是奇正的变化。因为方阵之中就分为正兵与奇兵。第二，"正面为正，侧翼为奇"指主要兵力与次要兵力，或者说一线部队与预备队。第三，"明战为正，暗攻为奇"指在一般意义上，常规的战法为"正"，非常规战法为"奇"。[②] 孙子认为用辩证的方式分析战场形势，作出战略决策，才能应对战场瞬息万变的局势，故曰："战势不过奇正。奇正之变，不可胜穷；奇正相生，如循环之无端。"

（4）军事情报论

所谓"知彼知己，百战不殆"（《孙子兵法·谋攻篇》）这是孙子重要军事理念之一。孙子认为作战前必须要明确我军和探知敌军的军事谋划策略、行军作战部署、部队后勤管理，真正做到"知彼知己"。故此，他在《孙子兵法·用间篇》中说："不知敌之情者，不仁之至也。"指出不"知己知彼"是对生命的不负责任，是"不仁之至"，其实这也是人本思想在军事理

---

① 中国人民解放军军事科学院战争理论研究部《孙子》注释小组注：《孙子兵法新注》，中华书局 1977 年版，第 41 页。

② 李强、林海、李景平、何龙斌、王婷：《〈孙子兵法〉奇正思想的内涵及意义》，《陕西理工学院学报（社会科学版）》2017 年第 2 期。

论中的集中体现。《孙子兵法》五千言，用"知"字者七十九处，用"战"字者七十四处，可见"不知"则不能"战"，要"战"则必先"知"。孙子的"知彼知己"论主要有十一个方面的内容。一知"道""天""地""将""法"五事。对此五事知之甚明，就可以取胜；若不知，则败。基于军事情报的重要性，孙子还阐明了间谍对于获取军事情报的重要性，如"故三军之事，莫亲于间，赏莫厚于间，事莫密于间。非圣智不能用间，非仁义不能使间，非微妙不能得间之实。微哉！微哉！无所不用间也。间事未发，而先闻者，间与所告者皆死。"（《孙子兵法·用间篇》）孙子指出要知道敌方的军事部署、军事行动、军事意图，就必须要有可靠的情报，情报的获得要靠间谍。

《孙子兵法》所蕴含的军事策略和战术技巧，不是三言两语能阐释清楚的，它之所以能在中国甚至世界军事思想史中占有极其重要的地位，其主要原因如学者所说："（《孙子兵法》）两千多年来久盛不衰的奥秘就在于无论时代如何变化，而它所揭示的战争规律、战争指挥艺术仍能启发人们的思维，在现代战争中如何谋取胜利仍有指导意义和价值。"[①]

---

① 李桂生：《先秦兵家研究》，浙江大学人文学院博士学位论文，2005年，第43页。

三、鲁之富国：重谷务农，礼乐教民

　　鲁国相较齐国而言，在自然地理条件和政治经济基础上都要优越得多。它沃野千里，河流纵横，发展农业有天然的基础优势；它有殷民六族，人口财富相对较好；它与周王室有着更直接密切的亲缘关系，在列国中的地位非同一般。这些因素使得鲁国在长时间内都自觉地秉持周王朝的思想文化：在政治权力的分配与建构中尊亲尚恩，始终由鲁国公族掌握大权，旁姓贤能很难进入权力中枢；在经济社会的发展中，始终遵循重农抑商的国策，鼓励农业发展，打压经济行为。稳定的农业生产为鲁国积累了财富，使鲁国保持了一段历史时期的强国地位。但是与近邻尊崇王霸之道的齐国相比，鲁国在经济实力上是显得有些逊色了。

（一）鲁国建立与基业初奠

鲁国的国君周公、伯禽在周朝建立及平定内乱的过程中立下显赫功劳，同时又是周王室重要成员，因此鲁国在册封过程中仪式格外隆重，得到的赏赐也格外丰厚。周天子不仅给鲁国分封了"少昊之墟"的土地，更赏赐了"大辂"（即饰有黄金的车辆）、"夏后氏之璜"（即夏朝时期的精美玉石）等精美器物，还赏赐了只有天子才配有的"祝、宗、卜"等职官和典册、礼器，并且特别允许鲁国享有天子之礼乐。正如《礼记·明堂位》中所记载，"凡四代之服、器、官，鲁兼用之。是故，鲁，

山东曲阜鲁国故城遗址

王礼也,天下传之久矣。"天下之人都知道鲁国行的是周王室之礼,这使得鲁国在各诸侯国中具有了非同一般的地位。

当然,周天子也把殷商时代的六支遗民氏族交给了鲁国管理,即条氏、徐氏、萧氏、索氏、长勺氏、尾勺氏。这些殷民数量大大超过了伯禽带到鲁国来的周人数量。这对鲁国来说,既增加了一份为数不少的人口财富,也不得不承担起维持殷民安定的政治任务。同时,鲁国还面临着来自周边的严重威胁,东夷部族势力随时都准备扼杀立足未稳的周朝封国。在伯禽刚刚就国之际,就有徐戎、淮夷等部族前来进攻。伯禽不得不再次拿起武器戍卫鲁国安全。

伯禽作为周公的长子,在跟随父亲参与政事的过程中迅速成长。在受封鲁国君之前,他已经展现出相当的政治才干,一度担任周王室的"大祝"之职。按照《周礼·春官·大祝》中的记载,"大祝"主要是负责占卜祭祀等职责。成为了国君的伯禽,面对凶猛的进犯之敌,他整饬军队,鼓舞士气,做了充分的准备。《尚书》的《周书》部分中有一篇《费誓》,反映的正是当年伯禽的战斗部署情况:伯禽先是要求兵士们准备好武器,锻造矛戈、磨砺刀刃、备好弓箭,随时准备出击;其次,伯禽要求清理好前进的道路,严肃军纪,明令法度,不准逃跑,不准拿百姓的东西,不许盗窃抢劫;最后,伯禽要求准备好充足的粮草,构筑好攻击工事,发布了进军的明确日期。在这些有条不紊的准备之下,伯禽带领军队在费(今山东鱼台)境内打了一场激烈的战斗,打败了敌人,把叛乱镇压了下去。

不过，此后土著部族的反抗依然断断续续时有发生，直到伯禽去世也没能彻底扑灭叛乱的火苗。伯禽的儿子酉继承父业，即为鲁考公，但是四年之后考公去世，他的弟弟熙即位，是为鲁炀公。在两代人三位国君坚持不懈的征讨下，彻底剿灭了东夷族人的最后反抗，迎来了鲁国真正的安定。因此，鲁炀公将鲁国都迁到奄人的居住之地，使之与原先的曲阜城连而为一，并专门"筑茅阙门"。由于"茅"字被普遍认为与"夷"通用，因此鲁炀公的行为也被后世史家称为"筑夷阙门"，以纪念那些艰苦的克夷斗争。

邦国新立，鲁国需要确定发展的大政方针。而发展国家采取的方针策略，又与鲁国当时的实际情况密不可分。

从所处方位来讲，鲁国在周王室的统治版图中占有非常重要的位置，是周王室统治东方的重要据点。由于周王室的王都远在西方，对广袤的东方之地颇有鞭长莫及之感，因此鲁国就承担起了拱卫周室的战略任务，成为周室统治东方的前沿哨所。鲁国远离周朝王都，地处殷商势力浓重的中心地带，承载着周天子的绝对信任。鲁国国君很明确他们的政治任务和历史方位，忠诚地担负起了这一历史使命。可以说，在治理邦国的过程中，鲁国国君把屏周作为第一要务，将周王朝作为效仿的对象，坚定地贯彻周王朝的治理理念和周文化的主要精神。

从鲁国国民构成来讲，当时的鲁国人有三种成分：周人、随迁而来的殷人和一直生活在本土的奄人。周人主要是鲁国公族，这是在鲁国受封之时，由伯禽带领而来的周族人，他们是鲁国政权的建立者或参与者。据历史学家李亚农的估计，来到鲁国的周族人数量不多，"鲁国周族人口是二千五六百人。"①殷人，即随鲁君东迁而来的殷民六族，《左传·定公四年》中记载，"使帅其宗氏、辑其分类，将其丑族，以法则周公。"也就是说，殷人是大宗和小宗举族而来，并且携带着他们的大批奴隶，以听命于周公的法令。奄人，即原先居住在曲阜之地的奄国之人，在商朝，奄本是一大诸侯，是一个力量比较强大的东方方国。周公东征灭掉奄国后，奄人就成为鲁国国民的构成部分。国民成分的多样性，使维护社会安定成为鲁国必须要解决的问题。

从自然环境来讲，鲁国处于今山东地区西南部，它的东北方是齐国，它的西北是康叔的卫国。鲁国最初的封地不过百里，此后随着多次征伐战争，疆域不断扩大。鲁国境内地势平坦，河流较多，土壤肥沃，灌溉便利，适宜进行农业生产。

在这样的历史社会情形下，周公对即将赴鲁就封的伯禽提出了几条告诫：

首先，启以商政，疆以周索。《左传·定公四年》中在记载周初分封鲁国和卫国事宜时说，"因商奄之民，命以《伯禽》而封于少昊之虚""聃季授土，陶叔授民，命以《康诰》而封于殷虚。"也就是说，在分封鲁国和卫国的时候，周公分别做了《伯禽之命》和《康诰》来训示治国方略，基本的要求都是"启

---

① 李亚农：《西周与东周》，上海人民出版社1956年版，第91页。

以商政，疆以周索"（《左传·定公四年》）。启，是沿用的意思。商政，是指殷商时期的政治管理方式。疆，是划分土地疆界的意思。索，表面意思是绳索，引申为管理法度的意思。这两句就是说，要根据周朝的法度来划分封国的疆土边界，但是要吸收和依据殷商时期的政治方式尤其是政策来统治和治理国家。如此看来，周公是希望伯禽能充分采纳殷商的统治方式来笼络殷人和奄人。

其次，注重修德，敬德保民。周公在长期的军事斗争和政治实践中，深刻感受到了民的作用和力量，因此提出"天惟时求民主"（《尚书·周书·多方》），他说对于民的需求，就算老天爷也会遵从。进而周公提出，天意正是民意的集中代表，敬天的同时需要保护民众。《礼记·文王世子》中有这样的记载：周公替年幼的周成王处理政事，伯禽经常陪伴成王左右。周公不仅要传授给成王为政经验，更要培养成王具有良好的品行。如何教育成王呢？毕竟不能把成王当作太子来教育，因为那样不符合规矩和礼法。周公就把教育太子的一套规则搬出来，用在伯禽身上，要求伯禽遵守。如果成王做了错事，周公就处罚伯禽，以此来让成王明白君臣之间、父子之间、长幼之间该有的行为规矩。成王在这样的教育下长大，伯禽更是深受父亲的严格管束，深深懂得修德的重要性。修德在为政中的体现就是爱民，这在鲁国统治者的思想中产生了深远影响。

最后，谦逊谨慎，礼贤下士。《史记·鲁周公世家》中记载了一段常被后人提及的话，那是周公在伯禽就封鲁国前对伯禽说得一番语重心长之言："我文王之子，武王之弟，成王之叔父，我于天下亦不贱矣。然我一沐三捉发，一饭三吐哺，起以待士，犹恐失天下之贤人。子之鲁，慎无以国骄人。"正是提醒伯禽，千万不要因为拥有邦国就目中无人，务必谦虚待人，礼贤下士，以为治理好邦国搜罗尽可能多的贤能人才。

带着周公的殷殷嘱托，伯禽开始了他的治国实践。也许因为他还太年轻，有充沛的精力，他在谨记父亲教诲的同时，也开启了一些自己新的探索。某种程度上，他在治理鲁国的过程中偏离了父亲制定的一些方向性原则。《史记·鲁周公世家》中记载"鲁公伯禽之初受封之鲁，三年而后报政周公。周公曰：'何迟也？'伯禽曰：'变其俗，革其礼，丧三年然后除之，故迟。'"伯禽虽然在经济赋税方面采纳了殷商时期的一些政策，以符合"启以商政，疆以周索"的方针，但是在文化风俗方面，他却非常坚决地破除殷商时期的民风民尚，完全推行周王朝的文化。这比起姜太公在齐国推行的因俗简礼，显然更加艰难。

同时，伯禽虽然注重修德，却并没有广泛任用贤能人才，而是秉承着尊亲上恩的原则。在鲁国的政权结构中，始终是鲁国公族掌握大权，旁姓很难进入鲁国的政治权力中枢。政权在姬姓家族内部代代相传，一方面极大巩固了鲁国社会的宗法传统，另一方面也禁锢了人才流动的空间，使鲁国的政治经济生活逐渐陷入固化状态难以发展。在鲁国，除了顶层统治者，往下还有卿、大夫、士等阶层，他们拥有土地，不从事生产劳动，都属于贵族阶层。士以下的是平民阶层，具体包括庶人、工、商、皂、舆、仆、牧、台、隶等，他们都是从事生产劳动的个体。而平民以下，还有奴隶，他们没有人身自由，是处于社会最底层的劳动者。贵族阶层参与国家政事，而平民和奴隶是实实在在的生产者。

在推动国力发展的过程中，鲁国继承周族人的传统，大力发展农业。周族是靠农业而发展强大的氏族，他们还追认农神后稷为始祖。在举族上上下下对农业的重视和发展下，周族积蓄了力量并灭掉了商朝。与此相对照，殷商人则非常会做生意，他们会赶着牛马到很远的地方以物易物，还会使用玉、贝等作为交换货币，他们可谓名副其实的"商人"。周人打败了商人，他们分外看不起商人的商业活动，说商业活动会导致百姓"荡而不静，胜而无耻"（《礼记·表记》），透露出周人对商业活动的深深厌恶。周王朝建立后，依旧发扬重农的传统，有所谓"天子亲耕"（《礼记·表记》）的记载，虽然周天子很可能只是做做样子。因此，鲁国在宗周的过程中，自然而然继承了这一重农的传统。伯禽在鲁国革俗变礼的过程中，可能也有打压商业活动而推崇农耕的内容。有不少学者认为，《诗经》中的《豳风》实际上是描写鲁国的诗歌，其中的《七月》一诗就极为详尽地描述了农民耕种的全过程，从初春准备农具到二月下地耕种，从暑天在烈日下忙碌到寒天准备过冬，生动描写了农业生产的几乎全部过程。这无疑反映出农耕生活在鲁国百姓中占有极为重要的地位。

在鲁国建立初期，鲁人农业生产使用的工具主要是石制工具或木质工具，主要农作物有麦、禾等。鲁国统治者为了更好地发展农业，在征收徭役的时候，尽量避开农忙时节，以保证农业生产的顺利进行。在这样一种重农政策之下，鲁国历经几代国君而逐步发展起来，国力比较充实，人民生活安定，在西周初年成为东方一个颇有实力的强国，成为远近大小诸侯国学习和尊重的对象。

（二）僖公执政与鲁国中兴

从公元前 1043 年伯禽封鲁，到公元前 770 年周平王东迁洛邑，鲁国共经历了十三位国君。在这期间，由于鲁国作为周王朝宗室的特殊关系，也由于各诸侯国都听从天下共主的号令较少产生矛盾，鲁国一直处于比较平稳的发展势头中，始终保持着较高的地位。公元前 770 年周平王东迁洛邑标志着中国历史进入了一个新的阶段：东周。迁都本是为了化解周王朝面临的尖锐矛盾，化解走向下坡路危机的举措，但实际上，东迁不仅没有改变周王室衰落的趋势，某种程度上还使这种衰落的趋势进一步加剧了。王室对诸侯国的控制力进一步放松，正如司马迁在《史记·周本纪》中所总结的"平王之时，周室衰微，诸侯强并弱，齐、楚、秦、晋始大，政由方伯"。

对于鲁国来说，社会大环境的变化也对其产生着巨大冲击。往日稳固明确的政权层级体系走向崩溃，在日趋激烈的诸侯国竞争中，鲁国会交出什么样的答卷，处于什么样的地位？

周平王东迁洛邑之时，鲁国的国君是鲁孝公。两年之后，孝公卒，惠公即位。四十六年后，惠公卒，因太子年幼，长庶子代为行政国事，是为鲁隐公。鲁隐公替代年幼的弟弟掌管国事十一年，其间他有很多机会坐上国君之位，但他并没有那样做，而是始终恪守着摄政的分寸，不越雷池。这一历史事实说明鲁隐公本人坚守周礼中的规定，也说明宗法制、嫡长子继承制是鲁国当时政治传统中深入人心的准则。

这时的鲁国已经面临着周围诸侯国的挑战。例如郑国就是当时的一个强国，虽然郑国国土面积不大，但是它利用地处中间的区位优势发展商业，使国家富强起来。经济基础的坚实使得郑国在上层建筑领域拥有极大的话语权，在国际事务中扮演了重要角色。例如周天子地位不稳固时，郑国甚至能打起维护王命的旗号联合诸侯国支持周天子。但是，鲁国与郑国的关系并不友善，还在鲁隐公为公子的时候，就曾在与郑国的战争中被郑国俘获。鲁国与齐国、宋国的关系也并不友好。

鲁隐公摄政后，意识到频繁的战争或摩擦不利于鲁国发展，于是鲁国开始改变外交策略，与各诸侯国交好，以换取稳定的发展环境。鲁国先后与邾国、宋国、郑国等结盟修好。修好是为了维护鲁国利益，但是当战争更能为鲁国带来利益时，鲁隐公又会果断出击。鲁隐公十年（公元前713年），鲁国就与齐国、郑国联合起来攻打宋国，结果打败宋军，攻取了两座城邑。据郭克煜等主编的《鲁国史》记载，从鲁隐公到鲁桓公、鲁庄公这段时间内，鲁国与各国交战中只有一次战败于齐，而四次战胜了宋国，两次战胜了齐国，一次战胜了卫国和燕国。"直到齐桓公称霸前夕，鲁之国势仍不下齐。"[1] 这说明，鲁隐公时期的鲁国还是比较强势的。

鲁隐公谨慎地摄政，并没有当国君的野心，但是那位等待成人的真正国君桓公却满腹狐疑，十分不信任这位摄政的兄长。最终，桓公弑隐公而自立。桓公的下场并不好，他娶了邻国齐襄公的妹妹文姜为妻，但是文姜作风淫乱，与其兄齐襄公有染，最终齐襄公因为这些私情而杀死了鲁桓公。堂堂国君如此屈死，可见此时的鲁国实在没有实力与齐国抗衡。

桓公之后鲁庄公即位。鲁国经历了三十年左右的平稳发展期，但是鲁庄公末年发生了鲁国历史上最大的一次内乱，即庆父之乱。庆父是鲁庄公同父异母的兄弟，他在短短不到两年的时间里弑杀了庄公之后的两位国君，擅权淫乱，使鲁国朝政几乎要到了倾覆的危险境地。

此时，齐国正是齐桓公当政。已经成为一代霸主的齐桓公在诸侯国之间很有威望和影响力，他以霸主身份自居，甘愿为遇到困难的诸侯国提供帮助。听说鲁国发生了严重变故，他对鲁国伸出了援助之手。在他的安排下，鲁国的公子申即位，这就是鲁僖公。鲁僖公是鲁国历史上的一代明君，他的执政使鲁国迎来了繁荣兴盛，出现了盛世之景。《诗经》当中的四篇鲁颂即被许多学者认为是歌颂鲁僖公文治武功的作品。大致说

---

① 郭克煜等主编：《鲁国史》，人民出版社1994年版，第76页。

来，鲁僖公时期有如下治国举措：

第一，宽缓和爱，以礼乐教化治国。鲁僖公即位于庆父之难造成的社稷动荡之中。当时，鲁国经历了连续的宫廷斗争，杀伐不断，人心不安。鲁僖公即位后，对卷入政治斗争的家族后代，没有株连迁祸，而是采取了宽容的态度。例如，庆父和叔牙虽然祸乱朝政，但是他们身死后，鲁僖公不但没有追究他们儿子的罪责，反而继续保留了他们世袭的爵位，让庆父的儿子公孙敖继承庆父的大夫爵位，让叔牙的儿子公孙兹继承叔牙的大夫爵位，后来他们分别称为仲孙氏和叔孙氏。鲁僖公的这一做法符合周礼当中亲亲的原则，也符合宗法制度当中对家族血缘关系的推崇，受到了当时鲁国人的称赞。大家认为鲁僖公不计前嫌，宽容大度，有容人之雅量，有安邦之才智。这也带动了鲁国臣民们自觉遵守礼仪，敦亲睦邻，敬老爱幼，不搞冲突。

第二，充分发挥贤能人才和卿大夫的能力。春秋时期，鲁国实行的一直是宗法贵族共和政体，鲁僖公时期，充分发挥了这一政体的长处。采用周王朝分封亲戚的做法，鲁国也是依靠与国君有密切血缘关系的家族来运行的。这些家族如同公族一样，有独立的都邑作为封地，都邑内的一切行政、经济事务均由家族首领说了算，国君并不干预。各大家族甚至还有自己的独立的军事力量。家族首领的人选也并非由君主决定，而是如同君主一样，实行嫡长子继承制，或者由上一任家族首领认定。这些家族首领们依靠世卿世禄制度，会接替父辈充任卿和大夫，有议论朝政的权责，而这一权责因为有独立的都邑作为支撑，有很大自由权。这就使得鲁国的卿大夫们拥有很大的政治活动空间，也有很大的政治影响力。

充分发挥卿大夫们的政治议事能力，群策群力，显然要比国君一人独断专行更能符合大多数人的意愿。鲁僖公执政时期，就充分发挥了卿大夫们的政治积极性。由于君主能够公正行事，卿大夫们也能齐心协力，共同致力于鲁国的发展。

不仅如此，鲁僖公还任用了很多贤能人才。例如季友和臧文仲。季友在平息庆父之难中立下功劳，而且又辅佐鲁僖公即位，深有政治谋略。臧文仲在季友去世后被鲁僖公授予重任担任鲁国正卿，位高权重，在鲁国政治生活中发挥了很重要的正面作用。在鲁僖公二十一年（公元前 639 年），鲁国久旱不雨，田地干涸，庄稼多有枯死。君臣上下都非常焦急。这时鲁僖公听人说，在城南的舞雩台上，有些相貌丑陋的残疾人引得上天不高兴，因此久旱不雨。鲁僖公一气之下便要烧死那些残疾人，以消除上天的怒气。那些无辜的残疾人听到这个消息后失声痛哭，舞雩台附近一片凄惨。臧文仲听到这个消息后，立即赶到鲁僖公面前劝说，他诚恳地说，杀死残疾人并不是解决旱灾的办法，节省开支、修理河道、想办法赈济百姓才是得人心、顺天道的做法。鲁僖公听后，沉思了好久，认为臧文仲说得有理，就把这些残疾人都放了。鲁僖公也听从臧文仲的建议，这一年节约开支，组织有能力的家族赈济百姓，大家齐心协力，共同渡过了这一难关。经过这一考验，鲁僖公也更加得到了百姓拥护和爱戴。

《诗经》中的《有駜》篇被学者认为是对鲁僖公君臣有道的歌颂。这首诗共有三章，每章都有九句，都以"有駜有駜"开头，描写大臣们具有治理国家的高超才能，君主具有统率臣子的高超智慧。如第三句写到君臣们"夙夜在公，在公载燕。自今以始，岁其有。君子有穀，诒孙子。于胥乐兮。"穀在这里当作善事讲，意思是鲁僖公做了很多好事留给子孙，上上下下的百姓都乐开了怀。全诗歌颂君臣相宜、共兴社稷的和乐场面。诚如唐代孔颖达所解释的，"君以恩惠及臣，臣则尽忠事君，君臣相与皆有礼矣，是君臣有道也。经三章皆陈君能禄食其臣，臣能忧念事君，夙夜在公，是有道之事也。此主颂僖公，而兼言臣者，明君之所为美，由与臣有道，道成于臣，故连臣而言之。蹈履有法谓之礼，行允事宜谓之义。君能致其禄食，与之燕饮，是君以礼义与臣也；臣能夙夜在公，尽其忠敬，是臣以礼义与君也。"[1]

第三，爱惜民力，重谷务农。鲁国向来是以农业兴国的国家，鲁僖公即位后，把发展好农业作为很重要的一项任务。为此，他重农务谷，不违农时，让农民安心生产。鲁僖公二十年（公元前640年），鲁僖公征调百姓和士兵来修筑城墙。这时正值春季，正是务农的最佳时节，鲁国的大夫们纷纷对鲁僖公提出建议，让他冬天农闲时节再修整城墙。鲁僖公听从了大夫们

---

① 阮元：《十三经注疏》（《毛诗正义》），中华书局1980年版，第610页。

的建议，归农于田。这就表明了国君对不违农时的重视。

春秋时代，马是非常重要的生产工具和战争工具，驾驶一辆战车需要四匹良马。战马的多少很大程度上决定着一个国家战斗力的强弱。为了增强鲁国的国力，鲁僖公让人在旷野上多养马，成群的马儿膘肥体壮，鲁国人看了都非常自豪。《诗经·鲁颂》中《駉》就描绘了当时鲁国战马如云的壮观景象，"駉駉牡马，在坰之野。薄言駉者，有驈有皇，有骊有黄，以车彭彭。思无疆，思马斯臧。"其中的思无疆正是讲鲁僖公高瞻远瞩，深谋远虑。驰骋的战马，坚固的战车，彰显出鲁国充实的经济基础。

第四，审时度势，积极拓展国家势力。鲁僖公时期，齐桓公的霸主地位逐渐形成。作为与齐国接壤的邻国，鲁国紧紧跟随齐国的步伐，跟随齐桓公南征北战、尊王攘夷，在已有的国际秩序中巧妙周旋，维护鲁国的地位和利益。鲁僖公四年（公元前656年），鲁国参加齐桓公率领的诸侯联军攻打蔡国并一举灭掉了蔡国。鲁僖公六年（公元前654年），鲁国跟随齐国攻打郑国。在这个过程中，鲁国收复了不少边疆失地。齐桓公死后，鲁国独自发动了对邻近的邾国的攻伐。其实，早在鲁僖公元年的时候就攻打邾国，但是战果并不大。邾国是一个小国，存续的时间很长，可谓东夷古国。邾国也占据着极为有利的地理条件，它的国都处于邾峄山，周围有河水环护，易守难攻。但是鲁僖公早已对邾峄山的地形了如指掌，经过长时间的积蓄和准备，鲁僖公三十三年（公元前627年），鲁僖公亲自带领精兵进攻邾峄山，赶跑了邾国邾文公，大获全胜。回国后，鲁僖公在国都曲阜建造了一座泮宫，既当学宫也作为举行重大活动的场所。鲁僖公带领臣子和将士们在泮宫举行了盛大的献俘和祭祀仪式，《诗经·鲁颂》中的《泮水》就记录了当时的盛景。诗中说"穆穆鲁侯，敬明其德。敬慎威仪，维民之则。允文允武，昭假烈祖。"穆穆形容了鲁僖公庄重威严的样子，敬明其德则描述了鲁僖公谨慎谦虚的美好品德。维民之则说鲁僖公是百姓学习效仿的好榜样，允文允武歌颂了鲁僖公既能文治又有武功的历史功绩，昭假烈祖则是说鲁僖公能够与鲁国的先祖们对话，能够与开国祖先一样享有崇高的历史地位。

《诗经·鲁颂》中还有一篇叫《閟宫》，这是整个《诗经》中最长的一首诗，也是歌颂鲁僖公能够光复祖业，恢复失去的疆土，振兴鲁国。在这首诗的第四章中讲到，鲁僖公时有"公车千乘""公徒三万"，这样的兵力在诸侯国中是非常强大的，即便当时的齐国也不过有车千乘、兵力三万。

总的来说，《诗经·鲁颂》中的这些篇章，用文学艺术的形式歌颂了鲁僖公的卓越作为，是对鲁国走向富强的衷心赞美。可以说，鲁僖公时代，鲁国迎来了此后再也未曾出现过的强盛。

（三）宣公当政与田税变革

鲁僖公死后，他的儿子兴即位，是为鲁文公。鲁文公在位十八年，之后鲁宣公即位，执国同样是十八年。这两位君主大概并没有多少出色的表现，所以后世史书对他们着墨不多。此段时期，在史籍中出现更多的反倒是一些世家大族，他们活跃在鲁国政坛上，成为影响鲁国国运的重要人物。可以说，从这段时期开始，鲁国的政权显露出新的发展趋势，这便是公室的衰弱和私门的壮大。

如前所述，鲁国实行的是宗法贵族政体，这本就使国君的权力受到诸多限制，世家大族尤其是卿大夫们则保有相当大的权力。在西周，周天子能有力地维护礼乐征伐自天子出的局面，为各诸侯国提供保护，因此国君对卿大夫也有较强的领导权，卿大夫通常只是对国君进行劝诫，国君若非要一意孤行，卿大夫也只有遵从的份儿。但是进入春秋时期，诸侯争霸、列国争强逐渐改变了周王朝的统治版图，各诸侯国失去了周天子的保护，不得不依靠国内世家大族的力量，依靠本国卿大夫的武力以保卫边境。按照周王朝的礼制，诸侯有卿无军，诸侯国的国君需要依靠卿大夫的家族势力和家族武装来维护秩序。鲁国许多卿大夫的封地都在边境，正是为此目的。如此，世家大族的力量日趋强大，为他们家族首领执政奠定了基础。

鲁僖公时期，由于分封了庆父、叔牙之子继承爵位，再加上季友家族本就实力雄厚，鲁国的三桓势力已基本形成。不过此时的三桓还不是最强势的家族。鲁文公和鲁宣公时期，执掌鲁国政权的是东门氏家族。东门氏的代表人物东门襄仲是鲁庄公的儿子、鲁僖公的弟弟，他在鲁僖公、鲁文公、鲁宣公三朝执政，频繁出现在鲁国内政外交的重要场合。尤其到了鲁宣公时期，由于东门襄仲拥立新君即位有功，东门氏家族的势力达到了最顶峰。鲁宣公八年，东门襄仲病死，东门氏的势力遭到打击，三桓逐渐执掌了鲁国的大权。

鲁宣公虽然在君位上建树不多，但有一件事却在史籍上留下了重重的一笔，这便是他推行的田税改革：初税亩。

鲁宣公为什么要推行初税亩？这是由当时鲁国的实际情况决定的。随着三桓势力的崛起，三桓家族越来越重视笼络人心，社会上的劳动人口大量地投奔三桓家族，使得靠征收公田收入的鲁国公室直接控制的财源大为减少。为了增加公室的收入，辅佐鲁宣公的东门襄仲便制定了初税亩的田税制度。

对于初税亩的具体内涵，由于《春秋》中只有简单的三个字"初税亩"，为后世的理解造成了诸多困难。《左传·宣公十五年》中对于初税亩进行了寥寥数言的解释："初税亩，非礼也。谷出不过藉，以丰财也。"意思是说，初税亩和之前周朝的礼制是不相符合的。因为周朝实行的是井田制，农奴在公田上无偿地劳作，产品归贵族所有，这种田税办法叫"藉法"。这种税收征收的是劳役地租，税率为什一，就是十块井田中，取一块田的收入。《左传》中提出了初税亩与以往的藉法不同，但是并没有具体说明初税亩的内容。

《公羊传》中对此有进一步的解释，"初者何？始也。税亩者何？履亩而税也。初税亩何以书？讥。何讥尔？讥始履亩而税也。何讥乎履亩而税？古者什一而藉。古者曷为什一而藉？

什一者，天下之中正也，多乎什一，大桀小桀；寡乎什一，大貉小貉。"也就是说，古代的井田制实行的是什一的税率，而初税亩之后，实行的是履亩而税的税法，不再按照井田来征税，而是按照田亩多少向耕种者征收实物地租。

那么初税亩的税率又是多少呢？对于这个问题，后世学者看法也不一致。例如晋朝的杜预在《左传注》中认为，初税亩是保留了公田，同时又在私田上再征收什一的税率，因此征收的总税率当为十分之二。郭克煜则在《鲁国史》中说，由于废除了藉力耕种的公田，仅以私田的亩数为标准，税率仍然是十分之一。而学者晁福林则认为，初税亩并没有废除井田制，只是在私田上按亩征税，税率为十分之一。

初税亩到底是否要废除井田制，取消公田和私田的区分呢？目前史学界对此各执一端，由于史料的匮乏，并没有得出最终的答案。不过可以肯定的是，初税亩的提出是为了增加公室的税收，较之前的藉法有着明显的先进性和优越性，能够提高劳动生产者的积极性。从这个角度来看，初税亩与齐国的"相地而衰征"的田税方法有着相似之处。

晁福林认为，鲁宣公颁布的初税亩很可能并未得到贯彻执行，因为这项制度既是增加公室收入，那么势必要与三桓争利，三桓自然对这项制度不甚欢迎。而且东门氏与三桓之间也有许多矛盾，东门襄仲与公孙敖还因为同娶一个女子而水火不容。东门氏曾想和鲁宣公一起削弱三桓，结果还没来得及动手，鲁宣公就死了，东门氏家族的势力立即受到三桓的联合打压，并且被逐出鲁国。而这发生在初税亩颁布三年之后。因此，初税亩没有来得及在鲁国推行的推测有一定的合理性。总之，初税亩的尝试并未将鲁国带向富强，公室的力量并未因此强大，反而随着此后三桓专政而权力下移，再随着此后的三分公室、四分公室，鲁国国君的地位远在三桓之下了。

其实三桓作为鲁国的世家大族，其中也不乏英明贤能人物，涌现出不少杰出的政治家、军事家、外交家等，由此得到了鲁国人的拥护。如孟孙氏中的孟献子就是一位优秀的外交家，鲁宣公年间，楚国攻打宋国，危及鲁国，孟献子劝鲁宣公要与楚国修好，鲁宣公听从了孟献子的建议，派使节与楚国联络，使得鲁国避免了一场战争。叔孙氏中的叔孙庄叔则以勇武见长，他常年领兵，能征善战，在鲁文公十一年曾大破入侵鲁国的长狄，俘虏了敌方三位首领，极大振奋了鲁国军心民心。然而，由于三桓毕竟处于相互竞争的位置，维护自己家族的利益是他们的首要任务，因此他们虽然执掌了鲁国政权多年，却难以将鲁国带向富强。更堪忧的是，在三桓把主要精力放在参与国政的时候，他们各自封邑的家政便落到了家臣手里。一些有野心的家臣或者邑宰趁机把控权力，甚至越俎代庖，成为另一重主君。季氏家臣阳虎引发的政乱就是其中最典型的代表。阳虎不仅把控了季氏的家政，甚至还干预国事，对三桓造成了沉重打击。

需要特别提及的是，在三桓执政期间，鲁国诞生了一位卓越的人物孔子，他著书立说，以其开创的儒家思想对中国此后几千年的发展产生了深远的影响。

（四）穆公改革与经济发展

进入战国时代，鲁国的一个重大变化是三桓的衰落，这也意味着宗法贵族政体在鲁国的没落以及封建君主集权的加强。鲁国的国君再一次拥有了对国家的全盘掌控。

三桓作为三个同宗的世家大族，相互之间既有勾结又有矛盾。他们在对待公室的问题上有着相同的利益诉求，总是能够相互配合相互支援。例如鲁昭公时期，公室起兵讨伐季孙氏，季平子因毫无准备被围困起来。后来幸亏得到叔孙氏发兵攻打鲁昭公，孟孙氏也出兵帮助攻打昭公，最后共同击溃了昭公之兵，解了季孙氏之危。三桓能够继续联手控制鲁国，还逼得鲁昭公流亡国外。再如阳虎之变中，季孙氏的首领季桓子在被阳虎之徒押送的路上突然窜入孟孙氏家中，得到孟孙氏的保护而得以续命。正是三桓之间的相互协作和扶持，才使得他们能够数年间拿捏住鲁国国君并稳稳掌握鲁国政权。

但是三桓之间又有深刻的矛盾。在三家之中，季孙氏力量最为强大，孟孙氏次之，叔孙氏最弱。孟孙氏时时有取季孙氏而代之的愿望，因此在鲁昭公发动的攻打三桓斗争中，孟孙氏对季孙氏的被困有袖手旁观的表现，直到叔孙氏出手相救，才起兵响应。而叔孙氏也时不时寻找时机企图超越另外两家。在鲁成公年间，因为叔孙氏与成公母亲的特殊关系，常常迫使鲁成公驱逐季孙氏和孟孙氏，当然并未成功。

进入战国以后，三桓的势力达到顶峰，同时三家之间的矛盾也日益激烈和公开化，三桓也由盛而衰，逐渐走向没落。鲁元公十八年（公元前419年），齐国攻打鲁国，攻破了叔孙氏的私邑，叔孙氏破落，苟活下来的后人下落不明。鲁元公二十一年（公元前416年），齐国再次进攻鲁国，攻破了孟孙氏的私邑，家族成员四散逃亡，其中一支逃到了邹地，是孟子的先人。

经过这一系列的变故，仅存的季孙氏也孤掌难鸣，不足为虑了，后来被楚国消灭。在鲁国政坛叱咤多年的三桓消失在历史的烟云中。

鲁元公在位二十一年卒，他的儿子显即位，是为鲁穆公。没有了三桓的掣肘，鲁穆公不用再像祖辈们那样仰人鼻息看人脸色，他本就是一个踌躇满志的人，登上君位后机会来了，他要在鲁国施展一番政治抱负，成就鲁国新的盛景。即位不久，鲁穆公就开始在鲁国推行改革。前文所述，战国时代各诸侯国兴起了一股改革的浪潮，魏国、赵国、楚国、秦国还有齐国纷纷改革，走上了富国强兵之路。而鲁穆公的改革属于较早的一家，算得上是敢为时代先者。改革大体包括如下内容：

第一，废除了世卿世禄制度，开创了新的人才选拔任用制度。鲁国一直实行世卿世禄制度，爵位、采邑大都是父死子承或兄死弟承，即便父亲犯了大罪，也大都罪不及子辈，子孙们依然能够承袭爵位，始终保有贵族地位。庆父、叔牙死而其子封的事情就是对这一制度的典型说明。这一"亲亲"的制度曾经在漫长的时期中保证了鲁国政权不出姬姓,不会出现三家分晋或者田氏代齐那样的异姓夺权事情,使得鲁国公室血脉不绝。但是这一制度也严重阻碍了鲁国的政治进步,三桓专政恰是世卿世禄制度的产物。到鲁穆公时,任命并非世家大族出身的公仪休为宰相,将这一重要位置交由外姓人担任,彻底打破了世卿世禄制度。

在《韩非子》和《史记》中都记载有公仪休的故事。大意是说公仪休非常喜欢吃鱼,喜欢到了嗜好的地步。他当上宰相后,国内有很多人投其所好给公仪休送鱼。公仪休都回绝了,他的弟子不理解为何要这样做,公仪休有个颇让人称赞的解释,《史记·循吏列传》中记载是"今为相,能自给鱼;今受鱼而免,谁复给我鱼者?"《韩非子·外储说右下》中记载的则是"夫即受鱼,必有下人之色。有下人之色,将枉于法;枉于法则免于相。"两段史籍表达了相同的意思:其一,鲁国的宰相公仪休是靠俸禄吃饭的;其二,如果触犯了法度,即便是贵为宰相也会被罢黜。这就表明鲁国官员的任命、俸禄,是由国君掌握的。鲁国已经废除了世卿世禄制度,而改行俸禄制。

同时,鲁国在延揽人才上也表现出尊贤的取向。鲁穆公与孔子之孙子思是同时代人,当此之时,孔子已经在鲁国享有盛誉,子思作为孔子后人,学识渊博富有智慧,是名副其实的贤能之士。鲁穆公真心钦佩子思的见识和才能,多次向子思请教治理国家的问题。鲁国还开设了"博士"来优养更多儒家学士,为国家储备和培养人才。不仅如此，鲁穆公还容许墨子在鲁国招收学生传授学问，逐渐形成了墨家学派在鲁国的光大。

鲁穆公既向有学识的人求教，也尊重民间品行高尚之人。鲁国有个寡妇，独自一人抚养九个儿子成家立业，还帮衬着娘家人处理家务，在百姓中有很好的口碑。鲁穆公听说了这件事情后，不仅亲自去拜访这位母亲，还加封她为"母师"，号召为人母者向她学习。鲁国尊贤的风气可见一斑。

第二，探索建立新的政治体制。随着三桓的衰落，鲁国的宗法贵族政体也失去了最后的基础，鲁国国君掌握了国家大权，开始向着封建君主集权制迈进。鲁穆公的父亲鲁元公曾经任命卫国人吴起为将，之后又罢免了吴起；鲁穆公又任命公仪休为相。这是鲁国开始实行将相制度的有力证明。这一制度与原先由卿大夫掌管武装力量同时也掌管政事是完全不同的，卿大夫有世袭的爵位，武装力量都是自己家族蓄养的，国君实际上很难直接控制。但是将帅和宰相则完全不同，他们本身就是由国君任命的，必须绝对服从国君的命令。同时，将帅所率领的兵力也都是属于国君的。这就意味着国君的权力前所未有的加强和集中了。

第三，推行一系列经济领域的改革。现存史料当中虽然很少直接记载鲁穆公改革的内容，但是仔细爬梳史籍，也可以推见当时的一些情况。例如《史记·循吏列传》在记载公仪休故事的时候，说公仪休不准拿俸禄的人同百姓争夺利益，他的妻子织布要去集市上售卖，他便把布给剪断了；他的妻子在菜园里种了蔬菜要去售卖，他也坚决制止，为的就是让百姓能够更好的卖出自己的产品。这可以理解为鼓励鲁国市场的活跃和商品经济的发展。同时，公仪休还采取了轻徭薄赋的政策，促进经济恢复。

鲁穆公的改革颇有一番宏图之志，推进的过程也并未遇到挫折，但是他改革的效果却并不是很显著。最直接的证明便是鲁国并未从此走上大国崛起之路，反而日趋没落，在战国七雄面前几乎没有多少地位。这其中的原因是多方面的，有一种观点颇有影响力，即认为鲁穆公的改革主要受到儒家思想的影响，以仁政教化治国，失于虚软；而其他列国的改革，不论赵国、秦国还是齐国，大都采用法家的思想，法度严明，更容易见出实效。这是否是导致鲁穆公改革效果不大的首要因素，还当继续发掘资料深入讨论。

鲁穆公后，鲁国又经历了六代国君，至鲁顷公二十四年，即公元前256年，鲁国被楚国灭亡。从公元前1043年伯禽封鲁到楚国灭鲁，鲁国共经历了三十六代国君，享国祚七百八十余年。

四、鲁之强兵：崇仁义

鲁国在风云际会的时代中形成了丰富的战争经验与治军思想，对于诸多军事问题都具有独特认识。受孔子"崇仁而非战"之主张以及孟子"非利而尚义"之主张的深层次影响，鲁国战争观体现出仁爱思想与义战原则，并最终贯彻"以礼治军"的治兵思想，提倡"由敬而信""由忠而义""由仁而用"。非但如此，在对战过程中鲁国坚持"循礼而行"的对战原则，在战争时间选择、战败国处理等方面奉行礼制，坚持以人为本。总体来讲，鲁国兵学思想具有"崇仁尚义""循礼而行"之特色，客观上影响了中国古代传统兵学思想的价值导向。

（一）"非战""慎战"的战争观

鲁国作为战争频发的地区而能独善其身，不但积累了丰富的战争经验与治军思想，客观上还刺激了中国古代兵学的萌发。战争观作为军事思想的核心组成部分，在风云际会时代迅速走向细致化、深刻化、系统化。鲁国也基本形成对于诸多战争问题的独特认识，并客观上为规范后世中国战争观的发展作出了突出贡献。鲁国的战争观集中体现在孔子和孟子的思想中。

1. 孔子：崇仁而非战

孔子（公元前551—前479年），子姓，孔氏，名丘，字仲尼，春秋时期鲁国陬邑（今山东曲阜）人，是中国古代思想家、政治家、教育家，同时也是儒家学派创始人。然而少有人知的是，孔子同时也具备良好的军事素养。从孔子的家世看来，其祖先乃是为宋国执掌军事大权的贵族，父亲叔梁纥也以勇力著称，屡次立下战功。从家教传承的角度推测，孔子应当也接受了一定的军事素养教育。而从孔子的教育成就来分析，在他的弟子中不乏著名的军事将领，如冉有、子路等，很可能其教育内容多少也涉及军事思想。《史记·孔子世家》记载了这样一件事，冉有作为鲁国军师，与齐国交战取得了胜利，季康子问冉有："子之于军旅，学之乎？性之乎？"冉有回答说：

山东曲阜尼山圣境孔子像

"学之于孔子。"

另外从孔子对某些军事事件的准确判断来看，孔子应当具有较为敏锐的军事嗅觉和眼光。

公元前500年，齐、鲁二国为结束前段时间的不友好状态，约定在齐地夹谷举行盟会。孔子当时为鲁国的大司寇，被委派担任鲁定公的相仪随同前往。他让鲁君做好了"具左右司马"的周密准备。会上，齐景公使莱人以兵劫鲁君，孔子护卫鲁定公退后，命令士兵抗击莱人，并斥责齐人的无礼举动，使齐人无懈可乘。孔子在关键时刻，临危不乱，指挥有度，最终挫败了齐国君臣的阴谋。之后，孔子又利用两国缔结盟约的机会，迫使齐人归还所侵占的鲁国汶阳（今山东泰安西南）之田。夹谷之会表现了孔子勇而知礼的政治和军事才能。基于上述史料分析，孔子的确精通军事，之所以少有人知，也许是因为其作为中国思想史上的巨人闪耀出的光芒遮蔽了他的军事才能。

（1）孔子贵"仁"非战

孔子所处的春秋时代是一个战争频繁且"天下无道，礼乐征伐自诸侯出"的时代，在亲眼目睹战争的残酷后，越发认识到了人生命的宝贵，意识到了民心所向的力量，因此主张施行仁政。

仁政中"爱人"是核心，体现在爱护人的生命。我们知道战争往往伴随着暴力与死亡。无论谁胜谁负都会对民众造成大量损害。正如孟子所言："争地以战，杀人盈野；争城以战，杀人盈城。"（《孟子·离娄下》）为争夺土地和城池而发起的战争，会造成血流成河、伏尸遍野的悲惨状况，有学者指出："战争与仁的底色'爱人'来看也是完全相悖的，更不要提'仁'还包含了道德层面的更高追求了。'仁'与战争的不相容于此显而易见。因此'非战'是孔子从'仁'的核心精神出发得出的结论。"① 从下面的例子也可以证明孔子"非战"的基本观点。《论语·颜渊》中记载的子贡问政的故事也可以佐证孔子非战的观点。

子曰："足食，足兵，民信之矣。"子贡曰："必不得已

---

① 程远：《论孔子的战争观》，《西北大学学报（哲学社会科学版）》2006年第1期。

而去于斯三者何先？"曰："去兵。"

孔子认为治国的三件头等大事是充足的粮食储备、充足的军备、百姓的信任爱戴，其中又有主次之分。若在三者中去掉一个，孔子果断主张"去兵"。

孔子说："为政以德，譬如北辰，居其所而众星拱之。"（《论语·为政》）孔子认为，执政者应以仁义为核心原则，不仅需要做民众的道德表率，更要本着仁爱之心使百姓安居乐业、生活富足，并通过一定的教化手段让民众具有较高的道德修养，从而使"近者悦，远者来"。

因此，孔子坚决反对仅凭刑罚权势使民众屈服，反对依仗武力使他国称臣的做法，而是认为要尽量通过和平手段平息国家争端、解决矛盾。战争的胜利说到底是以人的生命为代价，违背了孔子坚持的仁爱思想。即使是讨伐无道之主的汤武革命，孔子不十分认可。在孔子看来，战争就是战争，并不能因其目的合理性就予以肯定甚至是赞扬。这一点《论语·八佾》有体现："子谓《韶》，'尽美矣，又尽善也'。谓《武》，'尽美矣，未尽善也'"。《韶》相传是舜时的乐曲名。《武》相传是武王时的乐曲名。孔子认为，蕴含仁德思想的乐曲可谓之善，采用良好的乐曲表现形式就是美，只有将道德思想和艺术表现形式完美结合，才称为尽善尽美。三代时期重视礼乐制度，因此都以国家名义制作用于国家祭祀典礼的大型乐舞，反映着统治者的治国理念。舜因其贤能，辅助尧以德治理天下，并最终通过和平方式获得天下统治权。舜继尧之德，不事征伐，泽被于民，在他治理时期制作的乐舞，也应当反映出他对仁的重视。这种以仁为价值内核的舞乐，就是孔子所说的"善"，而悦耳的曲调，直摄人心的舞姿皆谓"美"。孔子所说的"尽善尽美"既包含了对音乐道德内涵的肯定又有对乐曲表现形式的赞美。依照这个标准，武王通过战争，武力推翻暴虐、无道的商纣王统治，虽救民于水火之中，并且终获"天命"，但这种以无辜士兵、民众生命为代价的战争形式，沾染上了暴力与鲜血，存在着道德污点。而周武王崇武的价值取向也必然会在他统治时期制作的乐舞中反映出来，与"仁德"是背道而驰，故曰"未尽善"。由此可知，孔子对艺术作品的评价既注重其艺术形式，又注重其道德内涵，坚持形式与内涵的统一。从孔子对艺术作品的评价标准，可以推测他脑海中的理想社会，应是上至君主下到百姓，皆具有高尚的道德素养，人人以"仁善"为道德标准来要求自己，如此一来构成一个和谐、和平，没有暴力争端的社会。

孔子身处于礼崩乐坏的时代而追求仁德情怀，在一个以综合实力为衡量标准的战乱时代却执着地追求"称德不称力""为政以德""以德服人"等道德理想，彰显出其独特的价值追求，也基本奠定了儒家具有伦理价值导向的战争观，对先秦时期的主流战争观也产生了重大影响。

（2）孔子尚"礼"而慎战

在理想层面，孔子从"仁"出发，孔子贵"仁"，主张为政以德，以实现和睦康宁的"大同"社会为理想，反对残害生命的战争，然而从现实层面看，他却不得不接受战争的客观必然性。但出于对礼制的尊崇，孔子对战争始终持以谨慎的态度，不愿主动谈论战争的相关话题。据《左传》记载，"孔文子之将攻大叔也，访于仲尼。仲尼曰：'胡簋之事，则尝学之矣，甲兵之事，未之闻也。'"（《左传·哀公十一年》）其实，正如前文所谈到的，孔子应具备一定军事素养。他之所以对卫国大夫孔文子说未闻"甲兵之事"，是由于卫国穷兵黩武，孔子对卫国不事礼乐、轻易言战的态度十分反感，所以不与其讨论战争问题。这也表明孔子对礼乐的重视度要远远高于战争，对于诸侯之间为兼并土地、掠夺生存资源而发动的战争，孔子丝毫不愿谈及。

在孔子眼里，诸侯为了满足称霸愿望攫取土地、财富发动的战争，其性质大多是非正义。一旦非正义战争客观地发生了，必然会出现以讨伐非正义国家为目的的正义性战争。对此，孔子也能根据战争是否合于礼、维护礼为标准进行区别对待。为维护正统、维护礼而发动的战争是正义之战，反之就为无道战。孔子说："天下有道，礼乐征伐自天子出；天下无道，礼乐征伐自诸侯出。"（《论语·季氏篇》）按照周代的礼制，制作礼乐和出兵打仗都由天子做主决定；但事实是到了春秋时期，这条规则被彻底打破，制作礼乐和出兵打仗，多由诸侯作出决定，"礼乐征伐自诸侯出"逐渐代替了"自天子出"，这是由"天下有道"变为"天下无道"的主要表现。考索孔子编订的《春秋》，其中记录了大大小小四十次的无道战争，旨在批判不合乎"礼"的非正义性战争。孔子甚至也不赞同为征伐无道暴君商纣王而发起的"汤武革命"，反而大加称赞文王礼待臣下，以礼事商的行为。《论语》载孔子所言："三分天下有其二，以服事殷。周之德，其可谓至德也已矣。"（《论语·泰伯》）足见其赞同周文王恪守君臣之礼。相反的，孔子并不甚赞成武王以"诛乱除暴"为名，以暴力形式推翻无道之君的统治。孔子大力提倡"礼治"，认为臣下须无条件地遵守、维护君臣之礼。对于以下犯上的僭越行为，则斥之为"犯上作乱"。故此，孔子主张在周天子权威逐渐崩塌的情况下，可退而求其次，由诸侯发兵征讨不义之国，发动"伐无道"的战争，来维护周礼。根据《论语》记载："陈成子弑简公。孔子沐浴而朝，告于哀公曰：'陈恒弑其君，请讨之。'"（《论语·宪问》）历史上陈成子贤于齐简公，然而由于他弑君违背礼法，孔子仍然沐浴而朝，郑重其事地请求鲁哀公出兵讨伐陈成子。

另外还有一个著名的历史事件——"堕三都"也可以作为孔子这一主张的有力佐证。依照周礼，天子、诸侯、大夫筑城的高度和广度都有定制。但是春秋中期以后，伴随着政权下移，鲁国"三桓"世家势力逐渐强大，其家臣常做犯上之事，有时甚至以自己的城邑为根据地发动叛乱。连当时的"三桓"也已控制不了他们的私邑，被他们的家臣所盘踞。鲁定公十二年（公元前498年），孔子作为鲁国的大司寇兼摄相事，为了巩固君权防止家臣继续盘踞"三桓"之私邑扩大势力发动反叛，建议鲁定公拆掉郈、费、郕三座"三桓"之私邑。孔子在鲁定公的支持下承担起丞相之责，通过利用大夫与其家臣的矛盾，发起维护礼制的正义之战——被称为"堕三都"的军事行动。叔孙氏首先响应，拆毁了郈邑。季孙氏将堕费，却引起费邑宰公山不狃的武装反抗。孔子指挥平服了费人的反抗，费邑接着也被拆毁。只有孟孙氏最终保留了郕邑。因此，由"堕三都"这一历史事件可以看出孔子虽非战，但他并非不设前提反对所有的战争，而是以是否合乎于礼、维护礼来衡量其正义性，对于正义的战争孔子并不反对。

🔗 **知识链接** ···

三桓，即指鲁国卿大夫孟孙氏、叔孙氏和季孙氏。鲁国的三桓起于鲁庄公时代（公元前693—前662年）。鲁庄公父亲鲁桓公有四子，嫡长子鲁庄公继承鲁国国君；庶长子庆父（谥共，又称共仲，其后代称仲孙氏。庶子之长又称"孟"，故又称孟氏、孟孙氏）、庶次子叔牙（谥僖，其后代称叔孙氏）、嫡次子季友（谥成，其后代称季孙氏）皆按封建制度被鲁庄公封官为卿，后代皆形成了大家族，由于三家皆出自鲁桓公之后，所以被人们称为"三桓"。

孔子对齐国尊王攘夷的做法，也较为认可。孔子说："桓公九合诸侯，不以兵车，管仲之力也。如其仁，如其仁。"（《论语·宪问》）在这段对话中，孔子以"仁"评价管仲，也正是因为他身处乱世却能以诸侯合力震慑夷狄，而不以战争等暴力手段实现"尊王攘夷"之目的，既维护国家一统又保护了百姓的生命，这一做法十分符合孔子的仁爱思想。

整体而言，孔子军事战争观的根本出发点是"仁"，而在孔子的思想体系中，维护"礼"与本于"仁"从根本上讲是一致的，因此"礼"也是其战争观的核心要素，维护"礼"就是维护政治统治，所以"礼"与"战"的关系也可以解读为"政治"与"军事"的关系。故而，我们可以将孔子的战争观概括为"礼战"思想。孔子认为正义之战必须是维护正统的战争，这类战争可称之为"礼战"。他强调战争必须是以维护政治秩序为目的，这一思想逐渐影响了后世"代民伐罪"理念的形成。同时，孔子战争观中蕴含的反战、节战与止战思想，对于我们中华文明和平性特征的塑造具有重要作用。另外，我们也应当看到，孔子的战争观带有明显的君本位特征，这是其阶级局限性决定的。说到底，在礼崩乐坏、政权下移的趋势下，孔子单纯以"礼"作为判断战争合理性的唯一依据，在当时既不符合诸侯王的利益，也不符合社会实际，且其某些观点实际上存在矛盾，既崇尚仁爱，又不得不承认战争的必然与必需。

2. 孟子：非利而尚义战

（1）以"仁"为基础的义战观

战国时期相对于春秋时期，中国社会政治架构又发生了重大变化。春秋时期至少还是天下共主的局面，社会秩序也在可控范围内。所以，孔子仍希望通过改革维护礼制，希望通过自上而下的道德觉醒实现天下一统，结束诸侯纷争。

孟子所处的时期诸侯乱战不断，统治阶级充斥着贪念与私欲。正如《孟子》所描写的那样"庖有肥肉，厩有肥马，民有饥色，野有饿莩"（《孟子·滕文公下》）。权贵崇尚霸权强权，对百姓残酷苛刻，以至于"朱门酒肉臭，路有冻死骨"的惨状频现。另外，战国时期弑君杀父、手足相残等现象在社会中多有发生。现实的变化使孟子深刻认识到，必须以天下苍生为己念，要彻底改变现状，不能再如孔子那样寻求"克己复礼"，而是要彻底改变诸侯的争霸乱象，由此他提出了以仁政和道德为核心的义战观，从而丰富了儒家战争观的思想内容，也对鲁国战争观产生巨大影响。

在孟子看来，"行一不义，杀一不辜，而得天下，皆不为也。"（《孟子·公孙丑上》）兼并性质的战争与其主张的仁政王道的理想是相悖的。因此，孟子反对诸侯发动以强凌弱的兼并战争，更反对靠暴力获取天下。

在孟子眼中，那些为了个人私欲而驱民作战的君主不可谓仁君、圣君，他说："不教民而用之，谓之殃民。殃民者，不容于尧、舜之世。"（《孟子·告子下》）同时，孟子对以研究和指导战争为主要职责的兵家也进行了严厉批判，甚至主张对他们严加惩处。"此所谓率土地而食人肉，罪不容于死。故善战者服上刑，连诸侯者次之，辟草莱、任土地者次之。"（《孟子·离娄上》）孟子认为发动战争的人，即使死也赎不了他们的罪，所以能征善战者应该受最重的刑罚，而鼓吹合纵连横的人该受次一等刑罚。

不难看出，孟子完全基于其民本与仁爱思想对轻易发动战争的君主进行猛烈的批判，但是这也凸显出了孟子在军事方面的思想局限性。政治与军事的关系是辩证统一的。历史的现实证明，战争对社会发展有一定的推动作用。战国时期，诸侯之间的吞并战争虽不符合人本思想、仁爱精神，但它符合大一统的历史趋势。孟子与孔子一样断然否定兼并战争，在某种程度上来讲脱离了现实。对此，《史记·孟子列传》中司马迁评价道：

> 当是之时，秦用商君，富国强兵；楚、魏用吴起，战胜弱敌；齐威王、宣王用孙子、田忌之徒，而诸侯东面朝齐。天下方务于合从连衡，以攻伐为贤，而孟轲乃述唐、虞、三代之德，是以所如者不合。

孔子与孟子的战争观虽然都将"仁爱"思想作为理论根基，但仔细分析二者的实践路径并不相同。孔子是把战争当作维护正统的一种工具，且以是否合乎礼作为评判战争正义性的主要标准。很明显，孔子并没有辩证地看待战争的性质与作用，没有充分认识到战争存在的必然性与必需性。而孟子思考战争的相关问题时，已经开始站在以民为本的出发点，将军事与战争纳入到"仁政"思想体系之中，以此实现了治国思想与军事思想的融合，而不是单纯将军事战争视为实现"仁政"的一种手段。由此可见，孟子将战争作为实施儒家治国理念的重要抓手。

现实中，孟子大力提倡"义战"，使其成为推行仁政的有力工具，并将民心向背作为衡量是否义战的重要依据。《孟子·梁惠王下》中记载了齐宣王与孟子的一段对话。齐国伐燕获胜，齐宣王问道："一些人劝我千万不要攻打燕国，一些人却劝我攻打燕国。一个万乘之国去攻打另一个万乘之国，仅用五十天攻打下来，这仅靠人的努力是无法完成的，一定是天的旨意。如果不攻打燕国那不是违反了天意吗？上天会降下灾难的。这样考虑的话攻打了它怎么样？"孟子回答说："如果攻打兼并燕国会令燕国百姓高兴的话，就可以吞并了燕国。古人有先例，周武王就是这样做的。"在这段对话中，孟子站在以民为本的立场上分析"汤武伐纣"的正义性，就反映出与孔子不同的态度。关于"汤武伐纣"齐宣王还与孟子谈到："商汤被流放到夏桀，周武王征讨商纣王，这是真的吗？"孟子回答："史书上确有记载。"宣王又问："臣子能杀君主？"孟子回答："败坏'仁'的人叫作'贼'，败坏'义'的人叫作'残'；既残又贼的人叫'独夫'。我只闻有人杀了一个叫纣的独夫而已，没听闻杀了君主。"（《孟子·梁惠王下》）

在孟子与齐宣王的对话中不难看出，孟子并不是"反战者"，而是认为战争的初始目的必须是正义的，即其义战观，这也是他仁政理论的重要组成部分。我们更可以从中厘清孔子与孟子军事观的明显差异，简单说孔子认为战争是维护正统统治的重要工具，而孟子却认识到战争是维护百姓利益的重要途径后，在强调百姓利益的前提下，将义战观纳入其仁政理论体系之中。

（2）"仁义"是决定战争胜负的根本因素

孟子"仁政"思想最集中的表达是：民心向背是决定战争胜负的根本因素。基于上古圣贤以德治天下的历史经验，孟子认为只有爱百姓、体谅百姓的贤主才能无敌于天下。正如《孟子·离娄上》中言：

> 国之所以废兴存亡者亦然。天子不仁，不保四海。诸侯不仁，不保社稷。卿大夫不仁，不保宗庙。士庶人不仁，不保四体。今恶死亡而乐不仁，是犹恶醉而强酒。

孟子又进一步强调民心所归之强大威力，《孟子·梁惠王上》中言："如有不嗜杀人者，则天下之民皆引领而望之矣。诚如是也，民归之，由水之就下，沛然谁能御之？"对话中，孟子认为以力服人，只能让百姓抬头仰望，更把民心所归之力比作水流就下之势，生动地道出了战争、政权与民心的关系，凸显出其以民为本的义战观。

此外，孟子还从现实情况剖析了战争的正义性往往是决定胜负的关键。例如孟子以齐伐燕为例来分析："今燕虐其民，王往而征之，民以为将拯己于水火之中也，箪食壶浆，以迎王师。若杀其父兄，系累其子弟，毁其宗庙，迁其重器，如之何其可也？"（《孟子·梁惠王下》）大意是说，如今燕国的君主虐待百姓，齐宣王前去讨伐，孟子认为如果燕国的百姓认同齐宣王是去拯救他们，齐军才算是王者之师，百姓才会真诚欢迎。相反，如果齐国军队到了燕国，残害百姓，百姓自然会奋起反抗；如果破坏燕国的宗庙，抢掠燕国宝物，那是侵略别人的国家领土，其他国家会出兵相救。如此一来，结果就可想而知了。接着，孟子又提出对策：首先，使燕国的百姓能安定，让老人和孩子都能回到自己的家乡；其次，放弃占领燕国的打算，不要运走燕国的国宝；再次，安定燕国内部局势，与燕国的百官谋划，册立新君；最后，撤离燕国。总的来说，就是使民能安，使国能稳，然后或许可以来得及阻止各国诸侯发兵。概括来讲，孟子将战争正义性与"仁政"紧密联系起来，并以民心向背作为衡量战争正义性的重要标准。

另外，孟子还曾从对内、对外两个方面向梁惠王阐释了"仁者无敌"具体标准。于内而言："王如施仁政于民，省刑罚，薄税敛，深耕易耨；壮者以暇日修其孝悌忠信，入以事其父兄，出以事其长上，可使制梃以挞秦楚之坚甲利兵矣。"（《孟子·梁惠王上》）于外而言："以力假仁者霸，霸必有大国。以德行仁者王，王不待大，汤以七十里，文王以百里。以力服人者，非心服也，力不赡也。以德服人者，中心悦而诚服也，如七十子之服孔子也。"（《孟子·公孙丑下》）

孟子认为对内要免刑罚、轻赋税，支持百姓合理的农业生产，同时，要以忠信孝悌引导百姓养成良好的社会道德规范。在这个基础上，哪怕面对秦、楚这样披坚执锐的敌人也能力克之。对外而言，假借仁义名义依仗强大的军事力量、国家实力让其他诸侯国屈服并不可行，不论大国小国都要靠施行仁义，使天下归心，心悦诚服地归顺，只有这样才是真正的王者之道、仁者之道，而不仅是短暂的屈服。

总结来说，孟子所认为的正义战争有如下表征和条件：第一，被征伐国家的君主需是仁君。第二，被征伐国家的百姓要发自肺腑、心甘情愿地欢迎征伐者解救他们于水深火热之中。第三，征伐者的行为要得到其他诸侯国的认可，甚至是支持。在上述论述的基础上，孟子将"仁政"理论与军事理论紧密联系起来，发展了道德伦理色彩鲜明的"正义"战争观，使"仁"成为战争的重要指导原则。孟子义战观是鲁国战争观的重要组成部分，对后世影响深远。

（二）以礼治军的治兵思想

军队的实质是为实现一定政治目标而组织的武装集团。因此，军事服从政治、军队服从政治阶级的指挥，正是由军队性质所决定的。如果军队脱离了合理的政治领导，就会变成无法控制的可怕力量。所以在中国古代，特别是上古时期，依赖于"神权"和"王权"的"礼"是管理军队的有效工具之一。

中国的礼制根源于蒙昧时期人们对大自然的崇拜与敬畏，

面对强大而未知的自然力量，人们只能祈求先祖和山、河、树、鸟等自然神灵的护佑以寻求精神安慰。所以，中国上古时期，以祭祀先祖、敬奉神灵为重要表现形式的"礼"，成为当时人们的共同认知，蕴含了人们对天人关系的基本认识以及对血缘宗亲的重视。礼制之所以能成为社会之大法在上古如此具有权威性，原因即在于此。无论是谁，违背了礼制，就会受到社会舆论的谴责与惩罚，甚至被其他国家讨伐。例如，《史记·五帝本纪》就有记载："于是轩辕乃习用干戈，以征不享，诸侯咸来宾从。"黄帝"习用干戈"的目的就在于"以征不享"。其中"不享"就是不祭神灵，不奉先祖。孔子更是礼制的忠实维护者，他说："礼者何也？即事之治也。君子有其事，必有其治。治国而无礼，譬犹瞽之无相与，伥伥乎其何之？"（《礼记·仲尼燕居》）依"礼"而行，任何事情皆得其宜。依照孔子所言，礼的规范化和制度化，让人们的言行有明确的规范可依循，从实践角度看，用礼约束人的行为更容易把握尺度。

既然国家政治、社会秩序皆以"礼制"立足，那么"以礼治军"也就顺理成章。"礼"在形式上居于至高地位，军队本质又在于维护国家的利益、维护国民的生存权利。所以三代以礼治军又集中体现出"以民为本"价值取向。"以礼治军"与鲁国主流学派——儒家的"民本"思想高度重合，儒家最终选择了"以礼治军"的方法途径也就不奇怪了，当然这也反映出鲁国的治军思想。

《孔子家语》就多记载了孔子以"礼"治国、治军的看法。

一次子游问礼，孔子回答：

> 郊社之礼，所以仁鬼神也；禘尝之礼，所以仁昭穆
> 也；馈奠之礼，所以仁死丧也；射飨之礼，所以仁乡党
> 也；食飨之礼，所以仁宾客也。明乎郊社之义、禘尝之
> 礼，治国其如指诸掌而已。是故居家有礼，故长幼辨；以
> 之闺门有礼，故三族和；以之朝廷有礼，故官爵序；以之
> 田猎有礼，故戎事闲；以之军旅有礼，故武功成。（《孔子
> 家语·论礼》）

据《论语·阳货》记载：

> 子贡曰："君子亦有恶乎？"子曰："有恶：恶称人之
> 恶者，恶居下流而讪上者，恶勇而无礼者，恶果敢而窒
> 者。"曰："赐也亦有恶乎？""恶徼以为知者，恶不孙以为
> 勇者，恶讦以为直者。"

子贡问孔子："君子也会有厌恶的事吗？"孔子回答："有果
敢却厌恶的事情，君子厌恶总是言勇而无礼的人。厌恶地位卑
下却诋毁上位者的人，厌恶知勇而不知礼的人。厌恶果敢却智
塞不通的人。不合礼定义的勇则是逆乱。"孔子接着反问子贡
讨厌什么样的人。子贡回答："我厌恶抄袭别人的东西作为成
果的人，厌恶把不谦虚当作勇敢的人，厌恶揭发别人短处却认

为自己直率的人。"

这体现出孔子把"勇"赋予了道德意义。孔子认为一味使用勇力会致使个人行为放肆不羁，甚至会成为潜在的社会不安定因素。考虑到这些，孔子认为应当对"勇"加以道德的约束，加以礼的规范，而不能单独的加以倡导。总之，"礼"是确保人行为向善的重要约束，但是必须依赖于主体的道德自觉。

孔子认为，"礼"既是治国之本也是治军之本。《礼记》记载了孔子对"礼"的基本认识。子游问孔子："请问礼的作用是不是就在于治理丑恶而保护善美？"孔子说："是的。"子游又接着问："究竟怎样治理丑恶保护善美呢？"孔子回答说："郊天祭地之礼，就在于对鬼神表示仁爱；秋尝夏禘之礼，就在于对祖先表示仁爱；馈食祭奠之礼，就在于对死者表示仁爱；乡射、饮酒之礼，就在于对乡党表示仁爱；招待宾客的食飨之礼，就在于对宾客表示仁爱。"孔子又接着说："如果明白了郊天祭地、秋尝夏禘之礼的含义，那么对于如何治理国家就心中有数，就好比用指头在手掌上指指画画一般。所以，因为日常生活有了礼，长辈和晚辈就有分别了；因为家门之内有了礼，祖孙三代就和睦了；因为朝廷之上有了礼，官职爵位就有条不紊了；因为田猎之时有了礼，军事训练就娴熟了；因为军旅之中有了礼，作战目的就达到了。"孔子将"礼"视为治理国家的准绳，也将"礼"看作建立军队、获取胜利的重要保证。如果国家的礼制被破坏，国家便会陷于无序状态，进而失去了获得军事胜利的有力保障。

子曰："善人教民七年，亦可以即戎矣。"子曰："以不教民战，是谓弃之。"（《论语·子路》）"善人"指崇尚礼制的贤君，"善人"依据"先礼后兵"的原则，先教民军队的礼制规范，再传授军事作战技巧，以"礼教"为主，兼以军事。孔子认为以礼治民，然后治军，多年以后，老百姓就可参加战争，胜利也就有了群众保障。相反，如果不以礼制引导、教导人民，则"军旅，武功失其制"，这种军队会如一盘散沙，毫无战斗力，驱之于战场徒遭杀戮。

1. 由敬而信

春秋战国时期人们的崇敬之心往往反映在战前的卜筮与祭祀之礼中，《周礼·春官宗伯·大卜》有载："以邦事作龟之八命，一曰征，二曰象，三曰与，四曰谋……"可见，出于对天的敬畏，君主通过卜筮领会天命意图，是较为普遍的做法，这种沟通天、人意志的方式，有时甚至对战争发生起决定性作用。据《左传》记载，鲁襄公十三年，石碏对子囊说："先王为了征伐，要连续占卜五年，每年重复吉兆，就出兵。"这件事证明了卜筮这一礼制对于军事的重要作用，如果占卜的结果大吉，对于坚定作战信心会有明显的效果，反之，如果占卜结果不吉，则会动摇军心，甚至取消战争计划。这一点，反映出人们对天道、天命的敬畏之心，而这种敬畏之心，正面来说会为军士注入一剂强心针，坚定他们的作战信念。

除了卜筮，先秦时期，诸侯国还有一系列战前祭祀之礼，如告庙、授兵、祭社、受脤等礼制。诸侯出师前都会亲自祭告祖庙。鲁闵公二年，梁余子养说："帅师者，受命于庙，受脤于社。"（《左传·闵公二年》）古代出兵，除了祭祀祖宗外，还要祭社、受脤，是指以社肉分发给诸人，这是出师前的重要步骤。另外，授兵也是战前礼制的必备环节，所谓授兵，就是将兵器分发给将领、士兵。冷兵器时代，各种军事装备如兵器、战甲等生产制造效率较低，授兵作为一项重要的战前礼制，保证了兵器藏于国家，只有发生兵事才颁发下去，军事活动完毕，立即上缴。授兵这一礼制，不但顺应当时平时为民、战时为兵的军事体制，也是保证统治阶级兵权、维护国家安全的有效方式。告庙、授兵、祭社、受脤等礼仪制度皆表明了中国古代人们基于血缘宗族关系对先祖的崇敬与信任，人们相信将重要战事告知先祖会获得先祖的庇佑，借此增强士兵的必胜之心，即相信自己、相信国家、相信天命而产生的力量。

2. 由忠而义

中国古代，维护尊卑等级关系是制礼的重要目的，在战争中也是如此，甚至更为重要。军队要忠于君主，士兵要忠于将领，上位者要体恤下属，按礼制进行奖赏或惩罚，上下级之间尊卑之礼是维护军队秩序和战场秩序的基本保障。军队的尊卑制度实际上是宗族姻亲关系的一种投射，是军制与政治等级结合的产物。这一点在多种史料中都有相关记载。《左传》中记录了这样一个历史事件，鲁庄公九年，齐败鲁于乾时，"秦子、梁子以公旗辟于下道，是以皆止。"秦子、梁子为鲁公戎路之御及戎右，以主旗引诱齐师以掩护鲁公，终被齐师所获。从这里可以看出保护君王或是主将是战时的重要原则之一，基本已经成为一种既定之礼，也是优秀士兵的基本素养之一。不仅仅是对国君，战争中，下级应无条件服从上级、忠于上级，以保障军队作战胜利的可能性。据《左传》记载，鲁成公二年齐卫交战，石成子看卫国即将战败，认为孙良夫为国之重臣，被擒或被杀将有辱国家荣誉，便决定自己力敌齐军，让孙良夫率众撤退，可见，尊卑之礼有助于唤醒士兵、将领危难之时舍己为君、为国的意识。

儒家认为上位者也要按照礼制对将士有功则赏，有过则罚。只有按照儒家倡导的"礼"进行赏罚，才能使"禄爵有常"，从而避免因亲疏远近使奖励有明显的厚薄、高下之分，以期实现相对的公平来提高将士的忠诚度。以礼按功过进行赏罚，才能形成军队的稳定性从而进一步确保政治的稳定局面，以激发强大的国家力量，如此一来就会从根本上提高战争的获胜几率。

此外，儒家并没有忽略军队统帅的作用。他们认为在战场上，统帅的言行与命令往往关系着数以万计的士兵与百姓的性命，故而认为，统帅者必须具备较高的道德品德，不但要有勇，更要有敬畏之心，如此才能知进知退、谋定而后动。这一点体现在孔子和子路的对话中，《论语》有载："'子行三军，其谁与?'子曰:'暴虎冯河,死而无悔者,吾不与也。必也临事而惧,好谋而成者也。'"(《论语·述而》)在孔子看来,作为三军统帅,有畏惧之心,才会思虑周全,刚勇冒进。反之,知进而不知退,会让士兵陷入险境。只有那种谨小慎微、临危不乱、通晓谋略之人才是取胜的关键。孔子的军事人才观也从侧面证明了他本于仁爱精神对士兵生命的珍惜。当然,孔子还是最重视统帅的道德品格。春秋战国,统帅几乎都是"士"出身,很少有地位低的平民,因此《论语》中凡是对"士"之品格的论述,也都是对将帅的品格要求。例如《论语》中有这样一段对话,子贡问孔子说:"怎样才可称之为士?"孔子说:"做事有知耻之心,出使他国,能够完成君主交托的使命,可称为士。"子贡又问:"那次一等的呢?"孔子说:"宗族中人都称赞他孝顺父母,乡党们认为他尊敬兄长。"子贡再问:"那再次一等的呢?"孔子说:"说到的事一定兑现,做事坚持到底,这是普通人也应做到的。姑且也可谓之士了。"对此,曾子也说:"士不可以不弘毅,任重而道远。仁以为己任,不亦重乎?死而后已,不亦远乎?"(《论语·泰伯》)孔子的得意弟子曾子认为,君子应该以弘扬仁道作为一生的奋斗目标,明知前路险阻,也要坚强到底,为了实行仁道甚至要有视死如归的精神。作为统帅来说,他的仁道就是保家卫国,因此为国家为百姓,即使牺牲自己也在所不惜,在儒家看来这是很重要的军事素养。

3. 由仁而勇

春秋战国是战争频发时期，战争贯穿于始终，在深厚的战争背景下暴力、武力和勇力都被看作国家延续的重要保障，因此尚武观念尤为普遍，以至于将领士兵奋勇杀敌，被视为一种美好德行。在这种尚武、尚勇的风气下，儒家对"勇"提出不一样的见解。依照儒家的认识，可将"勇"分为三个层次——勇力、勇气、勇德。勇力，多就体格力量而言；勇气，就意念信心而言；勇德，多就思想品格而言。

首先我们承认，在原始氏族社会，部落之间争斗频繁，信奉"以暴制暴"，体格上的博弈成为生存法则，人的力量显得异常重要。上古时代的"圣人"也多因"勇武"被称颂。这种对勇力的提倡，对培养勇武刚毅的人格特质有重要引导作用。然而随着文化发展水平的进步，尚勇的风尚也逐渐发生了变化。勇力有时也有负面指性，如孔子在《论语》中提到的"暴虎冯河之勇"。

🔗 **知识链接**

《论语》载："子路曰：'子行三军，则谁与？'子曰：'暴虎冯河，死而无悔者，吾不与也。必也临事而惧，好谋而成者也。'""暴虎冯河"原本指空手搏虎、徒步过河，后来引申为有勇无谋，不考虑危险的莽撞行为。

在勇力的基础上，结合先秦重要理念"气"，发展出"勇气"这一概念。儒家所论的"勇气"是修养心性的结果，是一种精神意志的体现。可以说，"勇气"是以"勇"的精神面向，有主导人们外在言行的作用。但"勇气"也是中立性的，有理性和非理性两种方式的展现，而非纯善之德。正面的"勇气"其实是强调心志集中，坚定信念想要完成某件事，有一鼓作气的精神状态，更从善性出发，坚守仁义礼法，涌现浩然正气。

儒家更进一步赋予"勇"以一种道德内涵——勇德。"勇德"作为激发人意志内在道德力量，使人在面对困难时表现出一种一往无前、无所畏惧的坚强意志精神。孔子认为，勇力与勇气需要在礼与义的约束和引导下转化为"勇德"。对于以义引导勇力、勇气，孔子说："君子义以为上。君子有勇而无义为乱，小人有勇而无义为盗。"（《论语·阳货》），在这段话中孔子言明了"勇"与"义"的关系，君子有勇却没有义约束，就使社会秩序混乱，小人如果有勇而无义就会成为贼寇，可见无论地位高低、能力强弱皆需要用"义"来约束"勇"。如此才能使"勇"具备正义性，人有了高尚价值观、崇高理想的引领才能真正的无所畏惧，甚至是纵然面对万马千军也仍然选择一往无前，舍生取义。除了要合乎义，"勇德"的另一个重要标志是要合乎礼。

对于借礼约束勇力、勇气，孔子指出："恭而无礼则劳，慎而无礼则葸，勇而无礼则乱，直而无礼则绞。"（《论语·泰伯》）也就是说恭、慎、勇、直等品质都需要礼的规范和引导。

只知恭敬而不知礼的内涵就会劳于礼的烦琐；只知谨慎而不知礼的内涵就会战兢怯懦；只知刚勇却没有礼的引导就会容易反叛作乱；只知耿直却没有礼的规范就会言语伤害到别人。在孔子看来，所有的品性都具有中性色彩，并不等于美好的品德，如果没有礼的节制，就会偏离正轨。可见孔子认为勇被认定为"德"必须规范在"礼"的作用之内。勇而无礼，则会空有其表而无精神内核，甚至成为社会不稳定因素，容易造成社会混乱，必须以"礼"对"勇"消极一面进行规范引导。总而言之，孔子将礼视为人们言行的道德衡量准则，是维持社会秩序的重要保障。

尽管儒家主张对勇进行"适度"或"中道"的原则把握，但"中庸其至矣乎，民鲜能久矣"，以中道的实践约束社会的芸芸众生，在现实中不容易贯彻。至于礼的现实典章、规范、仪节，形成规范以后则无处不在，以礼作为人立身行事的标准，在现实社会中更具体。现代学者陈来在谈论德性和社会规范时言："从孔子所说来看，在实践上确实是会产生这类问题的，如奉养和葬祭双亲如果不遵照礼制的规定，便不是孝；行为的大胆若破坏了礼制的规定，便不是勇敢……在实践上也更容易把握，所谓'礼所以制中'。"故勇成为德行规范，需要在礼的指导下进行道德修养与实践。

孔子说："礼者何也？即事之治也。君子有其事，必有其治。治国而无礼，譬犹瞽之无相与，伥伥乎其何之？"（《礼记·仲尼燕居》）没有礼加之于身，任何事情的动静之处皆失其宜，在孔子看来，礼对社会的治理非常重要，礼可以通过其规范化、成文化和制度化，使人们的行为有明确的规范可遵守。也就是说，孔子是把德行和社会规范联系在一起进行考察的，强调从道德实践角度看，在礼制的社会里以礼约束人的行为更容易把握。《论语·阳货》记载：

> 子贡曰："君子亦有恶乎？"子曰："有恶：恶称人之恶者，恶居下流而讪上者，恶勇而无礼者，恶果敢而窒者。"曰："赐也亦有恶乎？""恶徼以为知者，恶不孙以为勇者，恶讦以为直者。"

子贡问孔子，君子有所厌恶的事吗？孔子回答说厌恶一味勇猛而无礼者。孔子又问子贡，子贡答厌恶把不谦虚当作勇敢的人。不合礼定义的勇则是逆乱。也即，一味地任用勇力、勇猛会导致主体行为人放肆，甚至在社会层面上犯上作乱。基于此，孔子对勇这一德行进行了创造性的转化，他认为"勇"不能作为单独的德行被倡导，它必须受到礼的规范。

总之，"礼"是作为行为规范体系发挥其道德功能的，是保障人行为向善的重要环节，礼的实施有助于个体实现道德自觉，是以礼为恭、慎、勇、直等的决定者和引导者，将德的确立和实践限定在礼的框架之内。这种德，以礼为其内在本质。因此，失去礼的调控，德便不再是德。

（三）仁道——循礼而行的战争策略

本着尚礼、仁爱的思想核心，鲁国在对外参加军事活动时往往本着"循礼而行"的策略原则。在鲁国，不仅孔子主张"为政以德"，鲁国著名军事将领曹刿也有类似的认识。清华简《曹刿之陈》（又名《曹沫之陈》）记载了鲁庄公与曹沫之间的问对，其中有类似详细论述。《曹沫之陈》有言："有克政而无克阵。三代之阵皆存，或以克，或以亡。"这是说只有战无不胜的政治，没有战无不胜的阵势。夏、商、周传承下来的阵法十分丰富，可是依靠阵法，有的战胜有的战败，可见关键问题在于施行仁政，依照礼来治理国家，这一原则投射到战争策略中，有如下四个方面：

1. 仁政为本

鲁国军事家、思想家大多主张战争胜利的基础是民心，因此实施仁政是战争胜利的根本前提。孔子说"政者，正也。子帅以正，孰敢不正。"（《论语·颜渊》）孔子认为政治清明要以君主之"正"为重要条件，君主要以身作则，君心正则国正，国正则民治。

对此，《曹刿之陈》中也谈到"战有显道，勿兵以克"。所谓"显道"就是指"人之兵不砥砺，我兵必砥砺；人之甲不坚，我甲必坚。人使士，我使大夫；人使大夫，我使将军；人使将军，我君身进。"很明显，"显道"是相对于阴谋的"光明之道"。这里，曹刿吸收了儒家思想，认为战争的决定性因素在于上下齐心，这取决于君主的号召力。如何才能获得这种强大号召力，很明显就是施行"仁政"。孟子有言："今夫天下之人牧，未有不嗜杀人者也。如有不嗜杀人者，则天下之民皆引领而望之矣。诚如是也，民归之，由水之就下，沛然谁能御之？"（《孟子·梁惠王上》）孟子认为现在的国君，皆嗜好杀人。如果有不嗜杀人的国君，普天下的百姓都会翘首以盼。民众就像汹涌的水流那样归附他，爱戴他，谁也阻挡不了。在他看来"天时不如地利，地利不如人和"，民心所向是战争胜利的基本前提，仁政则是基本保障。《曹刿之陈》中也记载，曹刿认为：使人不亲则不敦，不和则不辑，不义则不服。其中"为亲"要"君勿惮劳，以观上下之情伪。匹夫寡妇之讼狱，君必身听之。有知不足，亡所不中，则民亲之"。"为和"要"毋嬖于便嬖，毋长于父兄，赏均听中，则民和之。""为义"则要"申功尚贤，能治百人，使长百人；能治三军，思帅受？"曹刿认为只有国家彻底地实现了"仁政"，国民才能真正地团结在"仁爱"的道德理想之下，进而指出了亲、和、义对于"仁政"的重要性，认为只有君主亲自裁决狱讼，精通于民众的实情，使得民众亲近、才能做到"为亲"。只有不偏爱贵族、宠信奸臣，尊重共同体里的年长顺序，公平地统治国内，才能做到"为和"。只有基于才能、爱惜人才，依照功绩选拔任免统帅才能做到"为义"。一旦发生战事，全国上下都会同仇敌忾，一致对外，民众自然会转化为坚不可摧的军队，以英勇无畏的精神战胜敌人。

 知识链接 ────────────

　　曹刿，一作曹翙。生卒年不详，春秋时期鲁国（今山东菏泽）人，周文王第六子曹叔振铎之后，著名的军事理论家。鲁庄公十年，齐攻鲁，刿求见请取信于民后战，作战时随从指挥，大败齐师，"一鼓作气，再而衰，三而竭"之典出于此。

2. 战时选择

　　对于备战以及战争时间的选择，尽量做到不耽误百姓的生产劳作时间。儒家反对战争，对于战争的危害也有明确的认识，因此对于战败后国家和百姓面临的惨痛后果也有清醒的预判。因此儒家虽"非战"，但另一方面也很重视战争，故主张要打有准备之战，全面备战以抵抗他国侵略才可以维护本国和平，才能避免灭国的厄运。据《论语·宪问》载："子言卫灵公之无道也，康子曰：'夫如是，奚而不丧？'孔子曰：'仲叔圉治宾客，祝鮀治宗庙，王孙贾治军旅。夫如是，奚其丧？'"季康子询问孔子卫灵公无道为何还能存活至今？孔子回答说卫灵公在外交、礼制、军事三个方面都用对了人，可见孔子认为以贤能之士"治军"是确保国家安全的重要条件，我们也可据此推知对于战前的军事准备，孔子也很重视。《论语·子路》有载："子曰：'以不教民战，是谓弃之。'"另外孔子还说"善人教民七年，亦可以即戎矣。"从以上两句话看出，孔子爱惜百姓生命，认为只有经过正规军事训练，掌握基本军事技能和作战技巧的民众，在战场上才能有更大的概率保住性命，让人民不经过军事训练上战场的话无异于草菅人命，有悖于"仁爱"的原则。孔子这种先教后战的思想，体现了慎战观基础上的爱民思想，这与孟子"不教民而用之，谓之殃民"（《孟子·告子下》）有同样的思想底蕴。

曹刿明确提到"勿获民时，勿夺民利"（《曹刿之陈》）。这与《孟子》中所说的"无失其时，七十者可以食肉矣。百亩之田，勿夺其时，八口之家可以无饥矣"（《孟子·梁惠王上》）意思极为相近。在春秋战国时期，虽然很多思想家都考虑到"时"的重要性，但是儒家真正从百姓疾苦出发，深刻思考到要保障百姓的生产时间，不能因为战争，耽误民众的耕作时间，使其来年没有足够的粮食来保障生命存续。孟子曾直接指出："彼夺其民时，使不得耕耨以养其父母。父母冻饿，兄弟妻子离散。彼陷溺其民，王往而征之，夫谁与王敌？故曰'仁者无敌'。"（《孟子·梁惠王上》）孟子认为相对战争本身给百姓带来的灾难，因为耽误农业生产时间给人民带来的灾难往往更为致命。因此，曹刿与孟子皆主张，战争时间要避开民众的农业生产时间，以避免给人民和国家制造灾难。

3.遵礼制而不越份

战争中的礼制主要体现在遵礼制而不越份。所谓遵礼制指的是即使在战争时也要遵循一些礼仪规定，这些礼仪或是战争时的特殊规定或是日常礼制在战时的反映，而不越份就是指在战争中仍然要以自己的身份与职官行事，如果做了越份之事，就会被视为非礼。总之，只要是平时接受周代礼制熏陶的士大夫，在战争时就必须遵守这些礼仪规范，否则也会被视为非礼。

首先来看常被人谈及的"杀人之礼"。《礼记·檀弓下》记载：工尹商阳与陈弃疾一起乘战车追赶败逃的吴军，很快赶上了一名逃敌，陈弃疾对工尹商阳说："这是国君给我们的使命，你现在可以拿起弓了。"于是，工尹商阳拿起了弓。陈弃疾接着说："你可以向敌人射箭了。"工尹商阳举箭射去，立即射毙了一人，然后把弓装进了弓袋里。不久，又追赶上了一名逃敌，如此这般，工尹商阳又射杀了两人。每次杀一人后，他都把眼睛遮掩上。然后，他对御者说："我们都是在拜见国君时属于没有座位的、宴饮时属于没有席位的。现在已经杀了三个敌人，可以复命了！"孔子评价说："杀人时，也有礼数需要遵守啊。"这一段虽然说的是杀人的过程，但孔子的评价才真正具有点睛之妙，指出商阳明确认识到自己的地位级别，因此在杀人时依照礼制做到符合自己身份的军功，不需杀更多的人来邀功，这是遵礼的表现。

其次，战争的诸多礼制中，有关使者的礼仪制度相当重要。两国交兵，必须有使节从中传达信息，他们本身代表的是一个国家的威严与精神面貌，往往肩负着和平的使命，预示着战争的终结应予以充分的尊重。如果有哪个国家不尊重使者，出现囚禁或残杀使者的情况，会遭到其他国家谴责，甚至可以以此为借口，出兵征讨。据《左传》记载："栾书伐郑，郑人使伯蠲行成，晋人杀之，非礼也。兵交，使在其间可也。"栾书杀掉郑国的使者，被讥为非礼，可见当时战争中对使者的重视。

最后，不伐丧、不鼓不成列之军的对战之礼。由于诸侯间的政治联姻以及血缘关系，诸侯国间有着千丝万缕的联系，再加上出于对神灵和死者的敬畏，各国一般都不会选择他国祭祀和丧事期间发动战争。即使发动战争，一般也会本着仁道思想遵守战争之礼，不会在敌人处于劣势时趁人之危。

据《左传》记载，襄公十九年，齐灵公卒，"晋士匄侵齐，及穀，闻丧而还，礼也"（《左传·襄公十九年》）。晋国以士匄作为进攻齐国的统帅，但是在知道齐侯病死的消息后，士匄便率军返回。虽然士匄最终没有发动战争，这样的确有违君命，但儒家还是在《穀梁传》中予以其较高的评价："还者，事未毕之辞也。受命而诛，生死无所加其怒。不伐丧，善之也。善之则何为未毕也？"意思是，由于士匄是一军统帅，虽然因此违背了君命，但也是可以理解的，毕竟将在外君命有所不受，遇到特殊情况有自己决断的权力，更何况他做的是合乎礼的精神，应该加以赞赏。士匄就算违抗君令也不伐处在丧期的齐国，可见尚礼之风在当时的影响力。

对于战争时礼制最为典型的历史事件是宋楚的泓水之战。公元前643年，齐桓公惨死于宫中，宋襄公竟想趁机取得霸主之位，楚国不肯放任宋国势力坐大，于是决定出兵伐宋，并获胜。然而宋襄公却仍然执着于称霸的目标。《左传》记载，公元前638年宋襄公不满于郑伯想要屈服于楚国，承认其大国地位，于是兴兵伐郑。楚国则通过攻打宋国救郑。据《左传·僖公二十二年》记载：

> 冬十一月己巳朔，宋公及楚人战于泓。宋人既成列，楚人未既济。司马曰："彼众我寡，及其未既济也，请击之。"公曰："不可。"既济而未成列，又以告。公曰："未可。"既陈而后击之，宋师败绩。公伤股，门官歼焉。

在这个故事中，宋襄公认为楚军尚未完全摆列好阵形，此时攻击不符合战争之礼，遂放弃攻击。等到楚军准备就绪，宋军再发动战争，被楚军大败，宋襄公大腿受伤。此时宋襄公仍然振振有词地说："君子不会伤害已经受伤的人，不会俘虏头发斑白的老人。古代用兵的道理，不凭借险隘的地形阻击敌人。我虽然是亡国者的后代，不攻击没有排成阵势的敌人。"

宋襄公所说的其实是战争的礼仪，"宋襄公之仁"后来也指在战争中公平对战，以光明正大的手段袭击敌人的做法，其背后反映出来的是"仁义"思想。当然，宋襄公这种做法被一些学者嘲笑不懂战事，但儒家经典《公羊传》却称赞他："君子大其不鼓不成列，临大事而不忘大礼，有君而无臣。以为虽文王之战，亦不过此也。"认为宋襄公的做法堪比周文王。

从以上的军事战争实例可以看出，宋襄公的"仁"表现为两个方面，一是不趁人之危，不对处于劣势的敌人穷追猛打，而是网开一面放其一条生路；二是选择正面迎战，不采用阴损计策攻击对手。对于宋襄公这类行为，如果追问其思想动因可以归纳为三个：一是根于祖先崇拜，进而形成不伐丧、不毁坏宗庙的传统；二是基于部队传统训练形式，习惯正面迎敌；三是出于古代战争排兵布阵模式的军事要求。事实上不难看出，宋襄公的"仁慈"已经不能与礼崩乐坏的现实条件相契合，作战的军礼原则也逐渐被各国军事指挥者抛弃。

对先秦特别是春秋的军礼原则进行简单总结，可以得出以下观点：

首先，春秋时期的战争规模并不是很大，战争的目的也往往是想让对方屈服于自己，而不是以歼灭为目的。特别是对于势力范围大、综合实力强的诸侯国来说，对待战败国往往都不会完全歼灭敌人有生力量，还会保留其宗祀场所，这一做法反映出了古代人对祖先的崇敬之心。这种崇敬之心有时候还体现为以祈求别国祖先庇佑为借口，请求出兵协助。另外，当时也常以恢复祖先功业为理由发动战争的情况。

其次，春秋时期，掌兵将领往往出身贵族，常以较高的道德标准要求自己，在战争中比较恪守周代的战争礼制，如两国交涉之礼、交替攻防之礼等，而不会用狡诈的策略计谋获胜，从而影响自己的信誉与口碑。并且春秋时期出现综合实力极强的霸主型诸侯王，如齐桓公、晋文公等，这些君主往往会以其国力之强威慑其他国家遵守军事礼仪，在一定程度上主持正义、维护公平，这在后来逐渐发展为小国、大国之礼的区别。

最后，春秋时期处于优势的一方常会对处于劣势的敌人"放水"，不会斩尽杀绝，交战双方也不会采用诡诈计谋攻击敌人。

分析以上春秋时期的战争礼制可推知，西周的军事礼仪制度在春秋对战中仍然有很强的规范作用。这取决于两点：第一，交战诸侯国要仍然对周的礼制有较高的认可度；第二，军事长官受过系统的礼制教育，且爱惜自己的名誉。如此一来，春秋的多数战争较为严格地遵守军事礼制也就不难理解了。但是必须指出，到战国时期，伴随礼崩乐坏的情况进一步加剧，战争频率不断加速、战争规模持续扩大，军事对战形式与阵法都发生了较大改变，严格遵守军礼对战的现象逐渐消失。

4. 战败国的处理

鲁国谨守战争之礼还反映在对战败国的尊重上。春秋时期守礼而战的国家大多数是以屈服敌方为目的，因而武力威慑多于实际交战。虽然也存在兼并现象，但是以彻底瓦解对方政权、灭绝宗祀为目的的交战，较为罕见。大多数情况下，对方认输时，战胜国会选择停止攻击和杀戮，留给对方继续存续下去的机会。《左传》中记载，任、宿、须句、颛臾四国都是风姓，掌管太皞和济水的祭祀，而服从于中原诸国。邾国攻灭须句，须句子逃到了鲁国，因为须句女子成风是僖公的母亲。成风帮他对僖公说："崇尚神明的祭祀，保全弱小的国家，是周代的礼仪。蛮夷荼毒华夏，是周代的祸患。如果分封须句的君主，就能尊崇太皞和济水、修明祭祀、解除祸患啊！"到了僖公二十二年春天，鲁国军队就去讨伐邾国，攻占须句，送回了须句的国君。《左传》的作者对鲁僖公的这一行为予以了高度评价。认为他的做法严格遵循了战争之礼。

除了主持正义，遵循战争之礼，维护战争之礼，出于敬畏之心，战胜国往往对于战败国的祖先和神灵，仍然十分尊重，一般不会破坏战败国的宗庙，这一点从"徼福"之类事件中可得到证明。

秦伯使西乞术来聘，且言将伐晋。襄仲辞玉，曰："君不忘先君之好，照临鲁国，镇抚其社稷，重之以大器，寡君敢辞玉。"对曰："不腆敝器，不足辞也。"主人三辞。宾答曰："寡君愿徼福于周公、鲁公以事君，不腆先君之敝器。使下臣致诸执事，以为瑞节。要结好命，所以藉寡君之命，结二国之好，是以敢致之。"(《左传·文公十二年》)

"徼福"是指求福。鲁文公十二年，秦国为征讨晋国，向鲁国乞师，原因是想"徼福于周公、鲁公"，认为鲁国的先王周公带给后代的庇佑，使鲁国世代得以平安，因此希望通过缔结友好盟国的方式获得周公、鲁公的护佑，当然，其中也有现实因素的考量。当时鲁国的综合国力并不弱，秦国希望在秦晋争斗中，鲁国可以因盟友关系站在秦国一方。其实，根据史料记载，这种情况较为常见。可见，当时借礼制缔结盟友关系较为普遍。

总的来讲，从胜利一方保存战败一方宗族祭祀场地，以及向别国"徼福"的行为来分析，影响时人这类行为的主要原因是对敌方祖先及某种神灵的敬畏。学者黄朴民指出："历史表明，传统是一种巨大的惯性力量。春秋前中期的战争，就是在'军礼'传统的影响下进行的。但是传统也不是一成不变的，随着社会条件的改变，军事领域中的旧'军礼'传统受到了越来越大的冲击，无可避免地要一步步走向式微。"①

① 黄朴民：《从"以礼为固"到"兵以诈立"——对春秋时期战争观念与作战方式的考察》，《学术月刊》2003 年第 12 期。

五、齐鲁文化富国强兵思想的当代价值

面对风起云涌的外部局势，为了在紧张恶劣的政治格局中存活下来，齐、鲁两国皆做出了不同的经济军事政策的调整与改革，结局也各有不同。整体来看，齐鲁文化的富国强兵智慧是整体观、平衡论、权变法的有机统一，至今仍有重要借鉴价值。就齐鲁文化中的富国思想而言，其中蕴含的"天人合一""利义并重"的价值取向以及尊重经济规律，重视国家宏观调控方法指导对当今经济政策调整有启示性意义；就齐鲁文化中的强兵思想而言，其中"崇仁尚义"的价值取向、"慎战与重战统一"的战争观、"礼法并举"的治军原则以及富含军事辩证思想的战争策略在当今仍然对我国强军兴军有重要指导意义。

（一）富国思想的当代价值

西周末期，王权下移，云涌潮起，春秋初期，周王朝原本制度正在开始瓦解。面对周围虎视眈眈的诸侯国，为了在紧张恶劣的政治格局中存活下来，齐鲁做出了不同的经济政策调整。我们可以依据两国战国时期的经济发展状况汲取经验教训。整体来看，齐鲁文化的富国智慧是经济发展思想中整体观、平衡论、权变法的有机统一。有学者评价齐国名相管仲"博采百家，殊方汇通"的经济哲学思想历经千百年来的传承碰撞、融会贯通、优胜劣汰、创新演进，业已成为我国经济文化演绎史上最富有生命力的珍贵宝藏。[1]

1.秉持民本思想，利义并重

一批思想家、政治家总结夏商周三代历史存亡经验，认识到民心所向的巨大力量，创造性地提出以民为本的政治理念，他们认为君主民心能否聚合往往决定了国家的存亡兴衰，"得民心"是在激烈的诸侯之战中存留并获取最终胜利的"金钥匙"。对于如何贯彻这一原则，齐鲁两国存在着分歧，鲁国的政治家、思想家重义而轻利，如孔子言："君子喻于义，小人喻于

---

[1]　刘小兵：《务时寄政，轻重因变：管子的经济哲学思辨》，《学术界》2007 年第 12 期。

利。"孟子也谈到："君不可以言利若是。夫君欲利则大夫欲利，大夫欲利则庶人欲利。上下争利，国则危矣。"（《史记·魏世家》）

孔子和孟子皆认为治理国家的根本在于施行"仁政"，重视礼乐教化，对"利"的追求也必须以"义"为前提，否则会为追求私利侵占他人的正当利益，如此则会掀起竞相逐利的社会风气，不利于良序社会道德风气的形成。在这一原则的引导下，鲁国坚持"重农抑商"的经济政策，一定程度上阻碍了鲁国经济发展，而经济发展水平相对落后使得鲁国无法缺少足够的经济基础以保障其在激烈的争霸环境中取得优势。

齐国同样也遵循以民为本的理念，《管子·心术》指出："心安是国安也，心治是国治也。"此"心"即是指"民心"，民心安则国安，民心治则国治。关于这一点，虽然齐鲁两国都坚持以民为本的治国理念，但齐国经济发展思想中却处处蕴含着"利义并重"的原则。齐国之所以选择"利义并重"的经济发展原则，究其原因是齐国的经济发展的实际条件、状况以及齐国政治家、思想家们对人性的基本认识决定的。

《管子》指出："政之所兴，在顺民心；政之所废，在逆民心。民恶忧劳，我佚乐之；民恶贫贱，我富贵之；民恶危坠，我存安之；民恶灭绝，我生育之。"（《管子·牧民》）这里指出国家安定、政权巩固的根本在于顺乎民心。如何顺民心？《管子》中也给出了答案，顺民心即顺乎人性趋利避害的特点，使百姓安乐，使百姓富贵，使百姓存安，让百姓繁衍。从这里可以看出，《管子》中充分认识到了百姓求安乐、求富贵的本性，并认为只有满足百姓的种种生存需求才能得民心。如果百姓失去最起码的生活保障，就会选择背井离乡，逃往其他国家谋生，甚至会引起社会动荡，危及政权的稳定。故而，《管子》中谈到"民富则易治也，民贫则难治也"。在管子这一理念的引导下，齐国的执政思想，将"富民"作为维护社会稳定状态和确保政权延续下去的金科玉律。同时，管子也意识到人们的逐利本性决定了所有经济活动皆在于追逐财富、争取自身利益最大化，所以要确立更高的治理目标——实现强国富民，其中最重要的任务就是因势利导，也就是充分利用"利益"这一杠杆全方位调动国家经济发展的各种力量。

因此，《管子》制定的赋税政策本于"藏富于民"的观点。表现在《管子》中明确提出了"实行专卖""官山海""以重射轻，以贱泄贵"等重要经济理念，主张官方政府用刺激消费等手段来促进国家经济发展，刺激经济复苏和发展。甚至基于对人性"夺之则怒，予之则喜"的基本认识，告诫君主千万不要通过增加赋税和徭役来增加政府收入，致使国富而民贫。最好是贯彻以"轻重"为主、税收为辅的经济调节理念。

🔗 **知识链接**

1."官山海"亦称"管山海"。中国历史上主张由国家专营盐业、矿产（盐铁专卖）及采取各种方式控制山林川泽的思想。

2."以重射轻，以贱泄贵""重则见射，轻则见泄"是《管子》

中提出的通过国家干预调节供求与物价的经济思想。《管子·国蓄》中提到："以重射轻，以贱泄贵。"《管子·山权数》提到："重则见射，轻则见泄。"具体而言，某种商品价低，即说明货币购买力提高，就用货币去收购，是为"以重射轻"，增加了需求，物价回升，化轻为重；反之，某种物品价高，国家应贱价出售该种商品，使之转轻，是为"以贱泄贵"。这样不仅能使商品价格不至过高过低，也可使国家获得较大利润。

3."轻重"最早是指金属货币分量的轻重，金属货币分量重，价值就大，轻则价值小。由于货币是一般等价物，货币的价值又通过它对一般商品的购买力表现出来。轻重又有表现货币价值的概念演变成表现商品贵贱的概念。封建国家财政官员采纳民间商人的经营之术，即货币流通的数量和商品的供求能够影响货币的购买力和商品价格的高低，亦即货币和商品的轻重关系。统治阶级研究货币和商品的轻重问题，以影响他们的轻重的要求，因而出现经济学说的轻重论。

就经济发展条件而言，齐国虽土地广袤，但多为丘陵地和盐碱地。这就从客观上导致了齐国与平原诸侯国相比，农业发展严重受限。所以姜太公初封于齐国之时，一改传统的农业经济，发展本地优势"通商工之业，便鱼盐之利"，利用得天独厚的海洋环境，克服发展农业自然条件的限制，凭借丰富的渔业和盐业，促进了齐国的经济发展。春秋时期，齐桓公任管仲为相。管仲通过进行各项经济改革，不但"设轻重鱼盐之利，以赡贫穷"，还实行盐铁专卖政策，保证了齐国的财政收入。更进一步地，管仲敏锐地觉察出手工业和商业在社会经济活动中的重要性，大胆地突破了过去"君子"与"庶人"社会分职等级论，而主要从社会经济活动来论述四民分业的重要性，这是中国经济思想史上最早提出的农工商经济活动分工论。管子率先提出"士农工商四民者，国之石民也"，抬高了商人与工匠的社会地位，使其具有了一定的社会认同感，从而大大地提升了工商业者的生产积极性和社会劳动效率。

2.顺应经济客观规律，重视国家宏观调控

齐国的经济思想是以富国为核心，以富民为主要途径，最后依凭民富而达到国富兵强的战略目标。为此齐国经济家顺应新形势的发展，随机提出了"利出一孔"思想，提倡开发资源、富民惠众的开明政策，最典型、最成功的莫过于齐国管仲依凭"通货积财，富国强兵"之法，逐步协助齐桓公首成春秋霸业。在《管子》中保留了大量的经济改革思想理论成果，涉及内容颇为丰富、独特，基本思路是分析商品贵贱的缘由，掌控商品货币流通的方式，如何运用商品货币关系来调节商品供求、整顿市场价格、充实国家财政等。尤其是《轻重》诸篇的核心部分是轻重价格理论，在实质上是强调国家势必应采取诸种有效的措施来及时干预市场价格，控制商品货币关系，从而最终掌控国民经济的健康发展。

《管子》中推崇"因循无为"，因循的根本依据是"道"，"道"

是万事万物的基本规律，落实在经济领域则特指客观经济规律。管子所谓轻与重的变化也正是客观经济情况变化的生动标识。如《轻重乙》所言"重重而衡轻轻，运物而相因，则国策可成"，即以重而更重抗衡轻而更轻，则国家的理财方法一定是成功的范例。不难看出，齐国施行的经济政策十分注重货币的作用，尤其是其作为经济调节的杠杆之用，还有货币及商品的对应关系，着重根据商品存量、商品贵贱、进出货量的变化进行适时的调控，以发挥政府稳定物价、调整国库存货量、增加政府收入的职能。管子独特的"轻重"理论阐释了国家对社会经济的调控作用。

除了重视政府对国内经济的宏观干预，齐国也主张在对外贸易中充分发挥政府作用。有学者指出："国家调节市场价格的工具若使用不当就等同于向别国纳税进贡而极易造成本国财富资源的外流。故此，主张执政者理当知彼知己地掌控对外贸易的现实脉动。鼓励进口应是天下下而我高，即让国内价格高于国际价格，这样才能吸引国外的产品流到国内来。反之，在奖励出口时，要使天下高而我下，这样才能达到刺激国内产品出口的目的，以免造成财富的严重流失。"① 关于这一点，《管子》中多有体现，例如《管子·山至数》中有言："观风之所起，天下高则高，天下下则下"都是在阐释国际贸易的重要原则。

---

① 刘小兵：《务时寄政，轻重因变：管子的经济哲学思辨》，《学术界》2007 年第 12 期。

3.天人合一的经济发展思想

齐鲁两国始终秉持天人合一的经济发展观，认为人是自然的一部分，天道与人道贯通于一体，故而人类的发展必须尊重自然之规律，必须秉持人与自然和谐共生的重要原则，即指人类的社会秩序与自然的生态秩序圆融无碍。

鲁国思想的代表学派儒家所建构的儒家思想体系中，经济思想虽不是核心，但其中天人合一的理念却可以作为经济发展观的重要指引。任俊华曾谈到："儒家把万物的自然成长过程、天地生物的过程与仁义智联系在一起。根据儒家的天道与人道贯通的逻辑，在人类社会中施行的仁义等伦理原则，在自然秩序中也是连续的和一致的。由此而有人际道德向自然领域的扩展。这种扩展是以道德主体与道德对象之间的亲密程度构成的等级体系，即'亲亲而仁民，仁民而爱物'（《孟子·尽心》）。"[①]儒家从"我"出发，由爱自己的亲人推及到爱他人，再推及到爱万物，以此将生态道德与人类道德紧密联系在一起，主张按照万物各自喜欢的方式予以其恰当的爱。

《管子》中也指出："天主正，地主平，人主安静。春夏秋冬，天之时也；山陵川谷，地之枝也；喜怒取予，人之谋也。

---

① 任俊华：《论儒家生态伦理思想的现代价值》，《自然辩证法研究》2006年第3期。

故圣人于四时变而不化，从物而不移。"（《管子·内业》）万事万物的存在与发展都根源于"道"，"道"是天地万物的本根，自然之"道"有着一套亘古不变的机制，一者体现在对待万物公正无私，二者体现在大自然的自我平衡性。因此作为大自然的一部分，人类应当遵守自然规律，维护自然平衡。具体来说管子认为应当做到顺应自然规律，对大自然索取有度，否则就会遭到大自然惩罚。诚如《管子·形势》篇中所言："万物之于人也，无私近也，无私远也……顺天者，有其功；逆天者，怀其凶。"

对于齐鲁两国经济思想中尊重自然规律的经验可以归结为以下几点：

首先，遵守四时规律。第一，农业、渔业、林业、牧业等与自然关系密切的生产要严格遵循四季规律。"成功之术，必有巨获，必周于德、审于时。时德之遇，时之会也，若合符然。故曰是唯时德之节。"（《管子·宙合》）农业生产必须遵循的生态律令——春生、夏长、秋杀、冬藏。第二，国家事务要遵循四季特点。《管子·七臣七主》言："四禁者何也？春无杀伐，无割大陵，倮大衍，伐大木，斩大山，行大火，诛大臣，收谷赋。夏无遏水达名川，塞大谷，动土功，射鸟兽。秋毋赦过释罪缓刑。冬无赋爵赏禄，伤伐五谷。"

其次，索取有度。人类社会的生存发展离不开对自然资源的开发与利用。《管子》中言："畜长树艺，务时殖谷，力农垦草，禁止末事者，民之经产也。"（《管子·重令》）可见无论是畜牧、林业还是农业都与大自然息息相关，都要依赖于自然资源的合理利用。对此不管是儒家还是稷下道家，都本于"生生之德"并基于对自然资源有限性的认识，提出了有节制地开发利用自然资源这一发展策略。如"山林虽广，草木虽美，禁发必有时；国虽充盈，金玉虽多，宫室必有度；江海虽广，池泽虽博，鱼鳖虽多，罔罟必有正，船网不可一财而成也。非私草木、爱鱼鳖也，恶废民于生谷也。"（《管子·八观》）

最后，人口规模要与土地资源、自然资源相适应。《管子·八观》有言"彼野悉辟而民无积者，国地小而食地浅也；田半垦而民有余食而粟米多者，国地大而食地博也。"《管子》中指出土地资源全部开辟人民却不富裕是由于国土小土地资源少，土地资源半垦而百姓仓有余粮是由于国土大而土地资源多。另外，《管子》中还指出人口过度增长超过"定壤"即自然资源之时就会导致社会矛盾乃至战争，如"桓公问管子曰：'请问争夺之事何如？'管子曰：'以戚始。'桓公曰：'何谓以戚始？'管子对曰：'君人之主，弟兄十人，分国为十；弟兄五人，分国为五。三世则昭穆同祖，十世则为柘。故伏尸满街，兵决而无止。"（《管子·山至数》）管子指出由于人口的增长繁衍，最早同族的人后来也会因土地资源的缺少而发生争夺战争。为了维护国内稳定要么控制人口数量增长速度，要么展开对外兼并战争，争夺生存资源。

（二）军事智慧的当代价值

概括来说，鲁国的军事思想以仁爱为本，基于这一原则，鲁国采取"非战""慎战"的战争态度，并确定了"尚礼"的治军思想，且主张在对外作战中切实贯彻"仁道"的征战策略。齐国从客观实际出发，采取"慎战"与"重战"相结合的战争态度，并确定了"礼法并行"的治军思想，贯彻"仁道"与"诡道"合一的战争策略。从对外征战的历史现实分析，齐国的强兵策略明显较鲁国军事思想更为合理、更为有效。但是，不能否认的是，儒家仁爱为本的思想基调，对我国军事伦理思想产生了深远影响，因此我们基于对齐、鲁两国军事策略和军事伦理思想的客观评价，全面吸收两国军事思想智慧。

1. 坚持本于"仁义"的军事伦理思想

春秋战国时期，战争频发，战争形式越发不再受道德礼制的束缚，伴随着以攫夺财富、兼并土地为目的的战争日益增多，战争残酷性也愈突出。面对战后生灵涂炭的局面，孔子有很强的反战意识，认为战争多是不正义的，主张为了道德和信义，应该"去兵""非战"，这就是儒家主张以道义制止战争的思想初衷。孔子将仁义等道德理念作为政治理论的基础，而这些道德标准又作为"去兵"的理论依据，孔子在《论语·为政》中明确指出："为政以德，譬如北辰，居其所而众星共之。"

这句话实际上勾画了一个理想的政治蓝图，也同时成为其主张"去兵"与"非战"的根本原因。

孟子也说："固国不以山溪之险，威天下不以兵革之利"，孙子又说："可与之死，可与之生，而民不畏危。"这样一来，人民的安居乐业与君主的政治利益联系起来，如此人民、社会与政权的三角关系便会更加稳固，"正义性"也成为暴力战争的最高道义原则。战国时期，兼并、掠夺性质的不义之战已成为普遍现象。孟子认为应当用道义来制止战争，反对不义的战争，而退一步地认可了"义战"的合理性，这与齐兵学思想家的战争观基本一致。"以战止战"是齐国兵学思想的极具特色的理念，也就是通过军事战争维护本国或他国的安全和平。比较突出的例子如孙子提出了"不战而屈人之兵"以及司马穰苴谈到的"以战止战，虽战可也"，这些实际上反映出以正义之军制止非正义之军的理念，这一点其实与儒家所强调的道义之理制止甚至化解战争的主张同出一脉，充分彰显出人文理性精神。这也正是齐兵家战争价值观与儒家伦理价值观的高度契合的体现。

从一定意义上说，齐鲁文化中强兵思想受到儒家"仁义"思想的影响，为缓解社会中的紧张对抗局面，把政治、军事目标道德化，无疑具有人本主义的意蕴。有学者指出："儒家这种道德伦理化政治的理想，涵盖了古代思想家对军事暴力的深刻反思。约束暴力行为的道德观念和伦理倾向，自然也随着儒学对传统兵学的整合，而逐渐渗透其中，消解暴力工具化的内

| 山东广饶孙子文化园的孙子雕像

在因素。"①

　　初期的齐国兵学思想，其实强调了依靠暴力方式建立新的统一的政治秩序的根本性目的，虽然其中反映出一定的军事理性及人文主义价值，但不可否认，由于战争本质属性的限制，齐国兵学思想中也体现了极端功利主义。在这种情况下，儒家思想主张借稷下学宫这一学派间的思想交流平台渗透到了各学派思想之中，包括兵学家。兵学家将儒家道德伦理思想创新性地融合进了兵学思想体系之中，经过反复磨合后，使得兵学理论极具人本主义色彩，更加人性化，也更容易为人所接受，至

---

　　①　郭洪纪：《儒家军事伦理对传统兵学的渗透与整合》，《甘肃社会科学》1995 年第 4 期。

此，逐渐完成了兵学理论的儒家化。而儒家也渐渐由原来坚持"去兵""非战"转变为具有以暴制暴倾向的"义战"主张，而这一主张一方面为诠释战争合理性奠定了伦理思想基础，另一方面也为反抗暴力侵略战争提供了道德理论依据。齐、鲁两国的军事思想经历了冲突、杂糅、交融的过程，共同塑造了今天既具有浓厚的军事理性又兼具丰富人文道德理性的齐鲁兵学思想。

齐鲁兵学思想的发展历程与独特意蕴，启示我们要始终以国家和人民的根本利益为出发点，坚持和平发展原则，做到"非利不动，非得不用，非危不战"，即非必要不出战，出战一定要符合三种情况，要契合国家和人民的根本利益，要有必胜的把握，要在国家处于危难之际迫不得已。如今，国际社会正处于极端复杂变革中，谋求合作发展已成为越来越多国家间的共识。平息国际争端，维护国际和平秩序，反对战争是各国人民的共同目标，同时也是每个人的责任。历史的经验告诉我们，全球各国实际上是命运共同体，中国的前途与命运也紧紧同世界其他国家的前途和命运联系着。为此，中国将始终坚持走和平发展道路，为维护世界和平、推动世界和平发展坚定不移地贡献自己的一份力量。

2. 坚持"慎战"与"重战"相统一的战争观

对于战争残酷性的认识，齐鲁两国皆有清醒认知。如孟子所说："争地以战，杀人盈野；争城以战，杀人盈城。"（《孟子·离娄下》）管子也谈到："贫民伤财，莫大于兵，危国忧主，莫速于兵。"（《管子·兵法》）伴随着国家间的征伐愈益频繁、愈益残酷，齐兵家从当前的现实角度考虑到国民死生、国家存亡等有关国家的根本利益问题，认为最终不堪一击而亡国造成生灵涂炭之局面，大多因为有国无防，有战而无备。齐兵家以国家存亡、民族安危为出发点探索强兵之道。因此，齐鲁文化的强兵思想中多体现出"慎战"与"重战"相统一的观点。例如，孙子所言"兵者，国之大事，死生之地，存亡之道，不可不察也"体现出与儒家"非战""去战"观点。

综合来看，齐鲁文化中慎战与重战是战略思想的理论依据或逻辑起点。因此，兵学思想家尤为强调战前要有针对性地充分研究战争策略，做好充足战前准备，提高部队整体作战意识，尽量达到"不战而屈人之兵"的理想军事境界。齐兵家的重战思想，集中体现在重视战前的全面准备，具体需要有国家内部安定局面、充足的财物储备、训练有素的军队、全面的军事情报、优秀的军事将领作为战争基础等，进而达到"安国全军"的目的。齐桓公便是这种思想的积极实践者。春秋前期齐桓公在位43年，其间参与战争20余次，但真正大规模用兵征伐者仅乾时之战、长勺之战等个别战争，其余均采用"伐谋""伐交"等政治外交手段，通过强大综合国力的威慑作用，以达到"不战而屈人之兵"的目的，并出现孙子所说的"全争于天下，故兵不顿，而利可全"（《孙子兵法·谋攻篇》）的局面。

分析齐鲁强兵思想的备战目的，我们可以认为出于"不战而屈人之兵"的理想胜利方式，其积极备战的首要目的在于"震慑"敌人，希望敌人在了解到我军的综合实力后可以知难而退，使我方不战而胜。另一方面，我们可以肯定，全面备战的确是获取战争胜利的必要条件。

所以，通过分析齐兵家慎重对待战争的思想，我们获得的启示是：首先，战前不仅要考虑战争能否胜利，还要考虑战后的影响，在战前慎重决策，切忌盲目兴师。其次，一定要用历史的、全面的和发展的眼光看待战争，战前要慎重考虑战后，不能只是谋求军事方面的强制攻取，而不致力于政治、经济、外交方面的积极配合准备。有学者指出："在和平与发展已经成为时代主题的今天，战争与政治、经济、民族、宗教、环境等诸多问题交织在一起。战争的结局不能简单地以战场上的胜负来衡量，其影响往往波及到诸多方面。"因此，必须理性冷静地对待战争，避免因一时冲动发动战争，从而给国家和人民造成不可弥补的巨大伤害。

当今世界正处于政治多极化、经济全球化、社会信息化的剧变时代，各种矛盾相互交织，各种利益相互激荡，导致世界冲突的诱发因素增多，这就要求国与国之间必须善于正确地处理和化解矛盾，消弭危机，绝不能轻启战端。

3. 坚持礼法并行的治军原则

受到儒家"崇礼"思想与稷下道家"道法"思想的影响，

齐鲁文化强兵思想具有浓厚的"礼法并行"治军特色。

我们都知道，儒家倡导用道德教化万民，让百姓明是非，懂礼制，辨善恶，并以"仁义礼智信"作为行为实践准则，重视道德规范的引导作用，甚至认为道德规范优于军法约束，因此十分注重强化士兵及军官的道德观念以及等级意识。军队至今强调纪律严明，不能忽略中国古代礼制思想的影响，特别是儒家思想的影响。儒家思想重视建立明确的等级制度，以伦理纲常维护社会秩序稳定，然而长期的历史实践证明道德礼制教化如果不能与法纪教育、法治管理有效结合就无法达到长治久安的目的。因此儒家思想在后来的发展中进行了一定的自我调适，如儒家集大成者——荀子的学说中就基于"性恶论"充分认识到"法"的重要性而主张"隆礼重法"，例如《荀子·性恶》指出："古者圣王以人之性恶，以为偏险而不正，悖乱而不治，是以为之起礼义，制法度，以矫饰人之情性而正之，以扰化人之情性而导之也。"可见，荀子在充分认识到社会现实的基础上对儒家思想进行了自我补充与修正。在孔子和孟子思想的基础上荀子提出的"隆礼重法"思想正是中国古代以法治军这一军事特色的思想基础，并影响了韩国、日本、朝鲜等其他东亚国家。古代军事制度引"礼"入"法"的做法，使"法"成为"礼"的载体，令"礼"获得"法"的强有力保障。儒家思想也借此全面渗透进军事思想之中，并对兵学思想产生了极其深远的影响。

另外，"礼法并行"的治军思想融合了稷下学派各家的主要思想。春秋战国时期，以《管子》为代表作的稷下学派，将儒、道、法等诸子百家思想精华融会贯通，提出"礼法并行"的治国策略，齐兵家将这一思想贯彻于军事治理理论中，除了重视军队礼制建设，同时还强调严明赏罚，最后逐渐形成礼法并行的治军思想，对我国古代治军理论的完善和发展影响深远。

其实不论是"礼"还是"法"，其本质都是认为强兵的重要途径之一在于建立健全合理有效的军队制度，既包括健全军队等级制度，也包括军队法律制度。希望秉持"法不阿贵""公正无私"的原则，不分尊卑贵贱、亲疏远近地贯彻军队的奖惩制度，强调采取统一军事行政管理法、统一军事奖惩法、统一军事训练法，以树立威严权威的形象。

中国古代治军思想重视"法"的作用，具体来说是军法的制定与贯彻落实，即旨在制定系统完备的军法与制度，以严格且明晰的部队纪律管理军队，整肃军纪，确保令行禁止，这也是获取战争胜利的重要前提。齐鲁兵学理论中的治军思想和军事战争实践表明，军队必须成为一个灵活且统一的作战整体，只有做到全军协同一致，才能充分发挥军队整体的作战优势与威力。这就启示我们必须严明部队纪律，致力于建设"有制之兵"，才能为建设一支现代化作战队伍奠定重要纪律基础。

综上而言，必须要高度警惕因国内外长期相对稳定的环境可能会导致的懒散懈怠的作风，完善中国特色军事法治体系，提高国防和军队建设法治化水平，强化法治信仰和法治思维，让法治意识时刻规范和约束全体官兵的行为习惯，做到懂法、信法、守法，并逐渐上升为一种无意识的自觉，最终使军纪内化于心，外化于行。

4. 坚持全面辩证的军事决策方法

以《孙子兵法》《孙膑兵法》为代表的齐鲁兵学文化，在中国军事思想史乃至世界军事思想史上占有重要地位，并对军事思想发展产生深远影响。尤其是《孙子兵法》中蕴含的辩证而系统的军事战略思想对历代军事家、政治家和军事理论家"灵活机变""理论联系实际"等思想行为方式的塑造有积极作用，是中华优秀传统文化的代表成果之一，其思想光辉不仅照耀于军事思想领域，还被应用于经济、外交等各个领域。最主要的原因就在于其中蕴含了中国古代思想家的丰富辩证法思想和系统分析思想。

齐鲁兵学思想中最核心的部分就在于辩证的军事战略思想，如强与弱、进与退、攻与守、虚与实、主与客、奇与正、动与静等。体现出矛盾论中的"两点论"分析法，诚如《孙子兵法》中所言："是故智者之虑，必杂于利害。杂于利而务可信也，杂于害而患可解也。"（《孙子兵法·九变篇》）又如《司马法》中所言："凡战，击其微静，避其强静；击其倦劳，避其闲窕；击其大惧，避其小惧。"这体现出辩证思想之于兵学家战争策略的拟定有重要指导意义。兵学家们关注到强弱、攻守、虚实等战争情势是互为依存，且可以相互转化的。这是中国古代朴素辩证法思想在军事作战中的体现。在齐鲁兵学理论成果中，这种辩证思想成为以少胜多、以弱胜强的思想武器。

除了以上矛盾分析法，齐兵学战略思想还体现出系统分析法的具体应用。战争策略要根据地形、地势、天气变化、士气军心、攻守形势等综合全面地考察以便适时进行调整。例如就阵型与战争形势而言，《孙膑兵法》中谈到："适（敌）弱以乱，先其选卒，以乘之。适（敌）强以治，先其下卒，以诱之。车骑与战者，分以为三，一在于右，一在于左，一在于后。易则多其车，险则多其骑，厄则多其弩。"这段话的意思是说，敌人弱小就拣选精兵出其不意攻其不备，敌人强大就选派弱小士卒引诱扰乱他们。将士兵与车马分为右、左、后三部分。在开阔平坦的地形多布置车队，在地势危险的地方多布置骑兵，在山崖地势多布置弓弩手。另外，齐兵学军事策略思想中，"实事求是""具体问题具体分析"等唯物主义思想贯穿始终。《孙子兵法》中所论是一种车兵、步兵、骑兵协同作战策略，非常强调全面系统的军事策略分析法。具体要根据不同地理环境作战样式有所调整，以某一兵种为主配以其他兵种。这种协同作战的军事战略思想对于现当代军事策略仍然具有重要参考价值。

另外，齐兵学思想中还以朴素的唯物论贯穿始终。自商代以来，天命观长期统治着人们的思想。至春秋时期以占卜预测战争胜败的记载屡见不鲜，直至春秋末期，天命观地位产生动摇，朴素的唯物观渐渐流行。齐兵家的战略思想就是建立在朴素唯物论的基础上。《孙子兵法》认为，"道、天、地、将、法"通常是决定战争胜负的五种要素，《计篇》中有言："道者，令民与上同意也。天者，阴阳、寒暑、时制也。地者，远近、险易、广狭、死生也。将者，智、信、仁、勇、严也。法者，曲制、官道、主用也。"五种因素中，"道"指上下一心，"天""地"指自然环境因素，"将"指作战指挥者的个人素质，"法"指国家、军事制度。不难看出，孙子的这一理念实际上与坚持系统观念、坚持一切从实际出发有异曲同工之妙。

（三）富国强兵的重要意义

齐鲁文化中的富国强兵的理论与实践经验不但给予我们深刻而丰富的启示，还让我们对富国强兵的重要意义有了清醒认识。

1. 富国是强兵之基

雄厚的经济实力是国防建设的坚实基础，为此要将经济建设、经济发展始终摆在重要位置。春秋战国时期，诸侯国兼并战争频发。为提升国家实力，谋求政治霸主地位，齐桓公不计前嫌，任用管仲为相，进行一系列改革，其中以经济改革为中心，例如按土地品质等级征税，大力发展盐铁业等等。管仲改革成效十分显著，齐国经济实力渐渐强大起来，并为军事发展奠定了雄厚的经济基础，最终齐桓公得以成就春秋霸业。可见，经济发展不仅能使齐国民富足，更是军事发展强大推动力，相反，如果一个国家十分富庶却没有强大的军事实力作为安全保障，也无法维护本国的领土安全和人民的根本利益。

《孙膑兵法·强兵》中记载了一次齐威王与孙膑的问对：齐国许多学士给齐威王提出了强兵建议，但其主张都各不相同。有的建议实行仁政和德育教化，有的建议减轻人民赋税，有的建议将农民上交的散粮积攒起来，有的主张清静无为。齐威王不知该如何选择，孙膑的答案是富国。孙膑的观点基本代表了齐兵家的态度。孙武也曾说过："凡用兵之法，驰车千驷，革车千乘，带甲十万，千里馈粮，则内外之费，宾客之用，胶漆之材，车甲之奉，日费千金，然后十万之师举矣。"（《孙子兵法·作战篇》）举凡政治家、军事家大都对部队的基本物资消耗有直观且清晰的认识，即只有积极推动国家经济发展，才能够在对外作战时无后顾之忧。

齐鲁两国的历史经验告诉我们，要从国家安全的角度强调经济之于军事战争的物质基础性作用，齐国通过大力发展工商业积累巨大财富，并将经济力量转化为军事力量，为实现霸业奠定重要物质基础。此外，重视农业生产事关最基本的军需问题，中国古代"寓兵于农"和"兵农合一"的政策有效解决了当时生产力不足的问题，为我们根据今天的社会发展水平制定国防战略提供有益启示。可以说，齐鲁两国的富国思想至今仍然对我们探索百年未有之大变局下如何权衡军事与经济具有重要借鉴意义。

（1）战争基础：军需物资储备

战争必须以充足的物资储备作为基本保障。这是古今军事思想家们不约而同达成的共识。孙子有言："军无辎重则亡，无粮食则亡，无委积则亡。"（《孙子兵法·军争篇》）《孙膑兵法·见威王》一篇中也提到："用兵无备者伤，穷兵者亡。"这些论述体现出齐兵家们所重视的"事备而后动"这一军事原则。在兵家看来，战前需要做的准备有很多，包括情报收集、基本战略部署、舆论准备、鼓舞士气等，然而最为重要的必须是充足的兵甲、粮食、武器、车马等军需储备，粮食是重中之重，是取胜的物质保障。可以想见，战争是多么依赖国家的经济发展，正如恩格斯所揭示的："军队的全部组织和作战方式以及与之有关的胜负，取决于物质的即经济的条件。"[1]

由于战争的消耗十分巨大，如果没有雄厚的经济实力为基础，整个国家都会被战争拖垮。《管子·参患》讲："一期之师，十年之蓄积殚；一战之费，累代之功尽。"

当然，齐鲁军事思想中还蕴含了一个深刻道理，军事备战水平一定要与国力发展相适应。孙子有言："兵法，一曰度，二曰量，三曰数，四曰称，五曰胜。地生度，度生量，量生数，数生称，称生胜。"（《孙子兵法·形篇》）孙子指出用兵必须注意：一是土地幅员，二是军赋物资，三是部队兵员战斗实力，四是双方力量对比，五是胜负优劣。度产生于土地幅员的

---

[1] 《马克思恩格斯全集》第26卷，人民出版社2014年版，第179页。

广狭，土地幅员决定军赋物资的多少，军赋物资的多少决定兵员的数量，兵员的数量决定部队的战斗力，部队的战斗力决定胜负优劣。告诫人们要掌握综合平衡、协调发展。因此，新时代新形势下，需要树立治国必先富民，强国必须强军的意识，坚持以经济建设为中心的基本路线，正确认识和把握新征程上新的战略机遇，推进中国式现代化，夯实国防建设的物质基础。

（2）根本保障：探索军民融合制度

中国古代农业经济时期，粮食储备是军队战斗力的重要保障。如《管子》中所言："国富者兵强，兵强者战胜，战胜者地广。是以先王知众民、强兵、广地、富国之必生于粟也。"（《管子·治国》）前文有提到，齐桓公任用管仲为相，进行了一系列改革，其中税收改革中就包括农业税，减轻了农民负担。另外，铁制农具等生产工具的革新也推动了农业迅速发展。在军队编制上，实行军政合一制度客观上促使"无事则国富，有事则兵强"这一现象的出现。军民合一制度不仅解决了粮食生产中的劳动力问题，也有效解决了战争兵力问题。

基于这一历史经验，在当代必须要坚定实施军民融合发展战略，形成军民融合深度发展格局，构建一体化的国家战略体系和能力，不断开创新时代军民融合深度发展新局面。然而，有别于古代的军民合一制度，当今社会的军民融合制度目的是把军队的现代化建设融入经济社会发展体系之中，对军队资源进行整合与利用，全面系统地推进经济、科技、人才等各个领域的军民融合。同时要坚持党中央集中统一领导，加强各领域战略布局一体融合、战略资源一体整合、战略力量一体运用，系统提升我国应对战略风险、维护战略利益、实现战略目的的整体实力。在此基础上，实现军工生产能力与民用生产能力的协调，保持经济建设和国防建设的经济技术形态与世界先进水平的协调，才能真正实现富国强军。

（3）夯实基础：发展工商业

当时，齐国工商业发展进步速度迅猛，在生产生活中发挥着异常重要的作用。管仲建议齐桓公"修旧法，择其善者而业用之；遂滋民，与无财，而敬百姓，则国安矣"（《国语·齐语》），并强调"士必处闲燕，处农必就田野，处工必就官府，处商必就市井"，通过对士农工商的集中管理使他们可以安心生产。国家还将盐铁生产、开采权收归国有，统一铸币，使齐国"钱之利，月籍钱三千万；盐之利，月籍钱三千万"，鱼盐出口业"得成金万余斤"（《管子·轻重》），达到了通货积财的效果，为桓公霸业奠定了基础。可以说通过发展工商业积聚财富，几乎成为中国古代明君的共识。

齐国对工商业的重视在今天仍有借鉴意义，新发展形势下"富"与"强"是国家安全的重要基础，经济发展与军队建设都是实现中华民族伟大复兴的重要条件。经济发展水平决定着军队建设，甚至是国防建设的总体水平，一个国家的经济实力往往对其综合国力起着决定性作用，而一个国家的国防和军队建设也往往对经济发展水平有着依赖性。因此，我国要建设现代化产业体系，坚持把发展经济的着力点放在实体经济上，推进新型工业化，加快建设制造强国、质量强国、航天强国、交通强国、网络强国、数字中国，为国防建设提供坚实的物质基础。要以富国为基础，提高国防、军队建设水平，把强大的经济实力转化为国防实力，才能实现维护国家安全的目的。

2. 强兵是富国的重要保障

强兵的意义在齐鲁兵书中得到了诠释，《孙子兵法·始计篇》中有言："兵者，国之大事，死生之地，存亡之道，不可不察也。"《孙膑兵法·见威王》中亦言："夫兵者，非士恒势也。此先王之傅道也。战胜，则所以在亡国而继绝世也。战不胜，则所以削地而危社稷也。"在古代兵家看来，战争事关国家存亡，人民生死。获得胜利，国家就可避免灭国的悲惨结局而得以延续；遭遇失败，国家就会割让土地、社稷动摇。为此，齐兵家认真总结了历代的经验教训，认为只有加强国防军队建设才能维护国家的根本利益。

因此，必须加强军队建设，为国家提供安全保障。齐鲁文化中的富国强兵智慧对新形势下我国国防和军队建设具有重要的借鉴意义。

（1）坚持党对军队的绝对领导

孙武言："凡用兵之法，将受命于君，合军聚众。"孙膑也说："不忠于王，不敢用其兵。"二者皆指出将领只有接受君主的任命，才有了指挥部队的权力，将领受君主的直接领导。而士兵则需要做到对将领的绝对服从，这样才能做到上下一心，做到"善用兵者，携手若使一人"，即通过系统军事训练、完善军队制度强化士兵对将领的服从性以及将领对君主的服从性，从而使得指挥军队如同指挥自己的身体一样自如。

孙膑认为，要建设一支坚强、勇敢、训练有素的精锐部队，道德水平是很重要的标准。《孙膑兵法·篡卒》有言："一曰信，二曰忠，三曰敢。安忠？忠王。安信？信赏。安敢？敢去不善。不忠于王，不敢用其兵。不信于赏，百姓弗德。不敢去不善，百姓弗畏。"选拔和使用人才要有一个统一的道德标准，以信、忠、勇为考察内容。认为军事人才必须具备基本道德素养，在道德素养基础上做到人尽其才、各尽其能，才能够有效实现军队的发展壮大，才能够最大程度发挥军队战斗力。

对于如何提高军事作战能力，齐国军事家强调军队建设必须要抓好基本素质训练。例如《管子·兵法》提出"三官""五教""九章"这一系统训练方法。孙膑也提出五种教育训练的内容和方法："处国之教一，行行之教一，处军之教一，处阵之教一，隐而不相见利战之教一。"（《孙膑兵法·五教法》）即通过政治教育、队列训练、行军训练、阵法训练、隐蔽和突袭敌人的战法训练，最终建立一支有强大作战能力的军队。

军队要注重战斗精神的培育。士气是一支部队的灵魂，是一种精神动力。战前工作准备的重要内容就包括鼓舞士兵斗志，使其具有勇猛作战的勇气。因此，齐兵家认为要激发士兵勇敢战斗的精神士气。《孙膑兵法·杀士》中明确提出了提高士气的方法，详细阐释了五种途径："明爵禄"，即明确规定封赏条件，根据功绩而不是地位高低制定封赏制度，这样才能激发士卒战斗力；"明赏罚"指要明确规范赏罚制度，必须做到言必信，士兵们才能清楚军规；"审而行之"则是说慎重制定赏赐条件和赏罚标准；"拊而下之"，是指统御者要恩威并施，如此才能有效指挥，从而达到"士死"的目的；"勉之欢""死州""死坟墓"是指采用政治教化方式，让士兵为保卫家乡、保护亲人、保卫祖坟而心甘情愿地战斗。具体到行军作战中《孙膑兵法·延气》也提出鼓舞、提高部队士气的方式："合军聚众，务在激气"，即在编制军队时，要深入动员，激发民众参战的主动性。"复徙合军，务在治兵利气"，部队在经过连续行军作战或者按照一定的时间、地点与其他部队会合时，一定要整饬军队，使部队保持勇往直前的锐气。指挥员应对这一问题予以高度重视，并加以有效的控制和利用，以保持部队强大的战斗力。"临境近敌，务在厉气"，"战日有期，务在断气"，指作战日期已经确定，一定要激发部队的狠厉之心，坚定其断然决胜、视死如归的决心。

历史告诉我们，没有一支强大的军队，就没有强大的祖国。党的十八大以来，以习近平同志为核心的党中央着眼于实现中华民族伟大复兴的中国梦，深刻把握强国对强军的战略需求，进行了深入的理论探索和实践创新。习近平总书记指出：

"我军之所以能始终保持强大的凝聚力、向心力、战斗力，经受住各种考验，不断从胜利走向胜利，最根本的就是靠党的坚强领导。如果丢掉了这一条，军队就会变质。任何时候任何情况下，我军都必须铸牢听党指挥这个强军之魂，坚持党对军队绝对领导的根本原则和人民军队的根本宗旨不动摇，始终忠于党、忠于社会主义、忠于祖国、忠于人民，做到一切行动听从党中央和中央军委指挥。"[①]

（2）强兵才能卫国

保卫国家的前提是实现"强兵"，春秋战国正是新兴地主阶级政权上升时期，为了增强国力，齐鲁两国进行了多方面的积极探索和实践。

一是废除了分封制，实行郡县制，加强中央集权，国家通过组织征兵，兵员的数量、质量都有所提高。同时，出现了职业化常备军和职业化军官，对于提高军队的战斗力具有重要的保障作用。二是为适应战争的需要，实行奖励生育的政策，鼓励人口繁衍，保证了充足的兵源。三是实行军功封爵制，提高了人们战斗积极性在一定程度上增强了军队的战斗力。如《管子·君臣上》言："布政有均，民足于产，则国家丰矣。以劳受禄，则民不幸生。刑罚不颇，则下无怨心。名正分明，则民不惑于道。"指出要根据功绩大小，论功行赏，惩罚也一视同仁，人们才能无怨言。四是改善武器装备。到了战国时期，一

---

① 《习近平著作选读》第一卷，人民出版社 2023 年版，第 92 页。

些重要兵家已经把发展经济、提高兵器制造工艺作为富国强兵的重要内容提出来，并为统治者所接受。这些探索和实践为富国强兵思想提供了肥沃的土壤，也为实践其军事思想提供了广阔的舞台。

历史车轮滚滚向前，中国共产党领导的人民军队自1927年创建以来，历经硝烟战火，一路披荆斩棘，付出巨大牺牲，取得一个又一个辉煌胜利，为党和人民建立了伟大的历史功勋。站在新的历史起点上，我们要不忘初心、继续前进，坚定不移走中国特色强军之路，把强军事业不断推向前进。党的二十大报告指出："如期实现建军一百年奋斗目标，加快把人民军队建成世界一流军队，是全面建设社会主义现代化国家的战略要求。必须贯彻新时代党的强军思想，贯彻新时代军事战略方针，坚持党对人民军队的绝对领导，坚持政治建军、改革强军、科技强军、人才强军、依法治军，坚持边斗争、边备战、边建设，坚持机械化信息化智能化融合发展，加快军事理论现代化、军队组织形态现代化、军事人员现代化、武器装备现代化，提高捍卫国家主权、安全、发展利益战略能力，有效履行新时代人民军队使命任务。"①

---

① 《习近平著作选读》第一卷，人民出版社2023年版，第45页。

参 考 文 献

《马克思恩格斯选集》第 3 卷，人民出版社 2012 年版。

《习近平谈治国理政》第一卷，外文出版社 2018 年版。

《习近平谈治国理政》第二卷，外文出版社 2017 年版。

《习近平谈治国理政》第三卷，外文出版社 2020 年版。

安作璋、王志民主编：《齐鲁文化通史》（远古至西周卷），中华书局 2004 年版。

（汉）班固著，（唐）颜师古注：《汉书》，中华书局 1986 年版。

陈曦译注：《六韬》，中华书局 2016 年版。

程俊英译注：《诗经译注》，上海古籍出版社 2016 年版。

郭克煜等主编：《鲁国史》，人民出版社 1994 年版。

郭丹、程小青、李彬源译注：《左传》，中华书局 2012 年版。

（汉）刘向集录：《战国策》，上海古籍出版社 2015 年版。

李亚农：《西周与东周》，上海人民出版社 1956 年版。

李山、轩新丽译注：《管子》，中华书局 2019 年版。

阮元：《十三经注疏》（《毛诗正义》），中华书局 1980 年版。

（汉）司马迁：《史记》，中华书局 2006 年版。

童书业：《春秋史》，商务印书馆 2010 年版。

汤化译注：《晏子春秋》，中华书局 2011 年版。

王阁森、唐致卿主编：《齐国史》，山东人民出版社 1992 年版。

王震：《司马法集释》，中华书局 2018 年版。

杨向奎：《绎史斋学术文集》，上海人民出版社 1983 年版。

张振泽整理：《孙膑兵法校理》，中华书局 1984 年版。

中国人民解放军军事科学院战争理论研究部《孙子》注释小组注：《孙子兵法新注》，中华书局 1977 年版。

程远：《论孔子的战争观》，《西北大学学报（哲学社会科学版）》2006 年第 1 期。

郭洪纪：《儒家军事伦理对传统兵学的渗透与整合》，《甘肃社会科学》1995 年第 4 期。

刘小兵：《务时寄政，轻重因变：管子的经济哲学思辨》，《学术界》2007 年第 12 期。

李强、林海、李景平、何龙斌、王婷：《〈孙子兵法〉奇正思想的内涵及意义》，《陕西理工学院学报（社会科学版）》2017 年第 2 期。

黄朴民、徐勇：《〈司马法〉考论》，《管子学刊》1992 年第 4 期。

黄朴民：《从"以礼为固"到"兵以诈立"——对春秋时期战争观念与作战方式的考察》，《学术月刊》2003 年第 12 期。

闵永顺：《孙子的"重战、慎战、善战"思想及其当代价值》，《南京政治学院学报》2008 年第 5 期。

任俊华：《论儒家生态伦理思想的现代价值》，《自然辩证法研究》2006 年第 3 期。

田旭东：《先秦齐国兵学成就略论》，《中国史研究》1997 年第
3 期。

王志民：《稷下学宫在教育史上的创新与超越》，《管子学刊》
2017 年第 3 期。